——新课程背景下教师必备基本功

怎样备课

现代教育理念视角下的备课
现代学习论的教学观
学习目标分析与教学目标设计
学习者分析与教学内容设计
学习过程分析与教学过程设计
备课质量评估

才最棒

冯墨女◎主编

ZENYANG BEIKE

CAI ZUIBANG

吉林文史出版社

图书在版编目（CIP）数据

怎样备课才最棒/冯墨女主编.
——长春：吉林文史出版社，2012.4（2021.6重印）
（新课程背景下教师必备基本功系列）
ISBN 978－7－5472－1031－4

Ⅰ．①怎… Ⅱ．①冯… Ⅲ．①备课－教学研究－中小
学 Ⅳ．①G632.421

中国版本图书馆 CIP 数据核字（2012）第 072436 号

新课程背景下教师必备基本功系列

怎样备课才最棒

ZENGYANGBEIKECAIZUIBANG

编著/冯墨女
责任编辑/高冰若
封面设计/文鼎九州　高冬艳
出版发行/吉林文史出版社
地址/长春市福祉大路5788号
邮编/130118
网址/www.jlws.com.cn
印刷/三河市燕春印务有限公司
开本/710mm×1000mm　1/16
印张/14　字数/150 千字
版次/2013 年 1 月第 1 版　2021 年 6 月第 3 次印刷
书号/ISBN 978－7－5472－1031－4
定价/39.80 元

前 言

　　备课是教学的起点，是教师展开教学的基础和前提。备课体现的不仅是教师的教育理念、教育态度和教育能力，更彰显着教师的思维智慧与人格光芒。有效备课不仅是讲好课的前提和保障，高品质的备课同样有助于教师教育理念的优化与教学能力的提升，是教师丰富教学经验、提升自身业务素质与专业能力的重要途径。

　　现代教育是以人为本的教育，是突出学生主体地位、彰显学生生命价值的教育。相应地，现代教育理念下的备课也应该有别于传统的备课，在备教材、备教法的同时，要将学生的个性因素融入其中。也就是说，备课中既要注重对教材、教法的选择与运用，同时也要注重对学生心理状态与学习准备的理解与把握。

　　备课中对教材的把握是其根本，教材作为教学内容的载体，是教师传道解惑的基本依据。因此，教师对于教材的理解与揣摩是备课过程中必要而不可或缺的环节，脱离教材的备课很可能会成为无源之水、无本之木。因此，备课首先要备教材，这一点是毋庸置疑的。然而，教师备课却不能仅停留在把握教材的层面，还要进一步地考虑学生的学习与发展，毕竟学生才是教育的最终目的与归宿。以往很多教师对"备课"的理解是——教案一翻、大纲一瞄、知识点一划，就可以从容地走上讲台照本宣科。然而，新生代的个性课堂，这种"只看教本，不看学生"的传统备课方式已不再具有优势。教师备课正在迎来一个崭新的趋势与挑战——备课需要实现从"备教材"到"备学生"，从"备如何教"到"备如何学"的转变，包括对学生学习准备状态的关注，对学生学习能力的了解，对学生情绪情感的体察等。教育的根本是"立人"，而不是单纯的"从教"。单纯的"备教材"，眼里有的只是分数，而只有将学生融入到备课中去，眼里才会拥有一个个鲜活的生命。

备课作为教学常规中的一项基础性活动，同时也是一项充满个性化的创造性活动。知识的发展、教育对象的变化、教学效益要求的提高，使作为一项艺术创造与再创造的备课工作变得永无止境。备课既要体现科学性与艺术性的完美结合，又要体现教师自身的风格与特色。这就需要教师在备教材、备学生的同时也要备自己。只有在了解自身特点的基础上，充分发挥自身的教学特长，选择适合自己的教学方法，才能避免课堂教学千篇一律、千人一面的尴尬，才能真正突显课堂教学的丰富性、灵活性与创造性。

《怎样备课才最棒》这本书，在横向维度上，以教师课堂教学的实际案例作为切入点，采用理论与实际相结合的方式，从备课理念、备课理论、教学目标设计、教学内容设计、教学过程设计、备课质量评估六大方面对教师备课过程中可能涉猎的问题给予了相关的解析与指导。在纵向维度上，这本书在章节设计上大体分为情景再现、理论解析、实践指导、学以致用四大模块。

情景再现——精选课堂教学中的典型案例，亲近课堂，引发思考，避免了单纯陈述理论的枯燥无味。

理论解析——在案例分析的基础上，对备课的相关理论给予解读，理论与实际相结合，便于读者学习与理解。

实践指导——理论源于实践，而最终目的又是用来指导实践，理论只有回归于实践，才能在实践中不断修正与完善。

学以致用——为了更好地巩固所学知识，本书在每节的最后部分设置了这一环节。采用案例的形式抛出问题，以激发读者的思考与感悟。

最后，希望本书能对您的备课与教学工作有所启迪，能够在常规的备课模式之外，帮您找到一个新的视角，拓展一片新的天地。由于笔者能力有限，本书难免存在纰漏之处，尽请见谅！欢迎您提出宝贵意见，我们共同交流学习。

编　者

2012 年 10 月

目 录
contents

第一章　明确理念：现代教育理念视角下的备课

第一节　以人为本：体现对学生的人本关怀

情景再现

一堂生动的语文课

周二的第二节课，按照教学进度，王老师应该给孩子们讲人教版教材第六册的《积累·运用六》。王老师按照惯例提前几分钟来到了教室，在黑板上写下了课题。这时，一个孩子来到王老师身边，得意地说："老师，这个《积累·运用六》的'读读背背'我都已经能背了。"对此王老师并不感到奇怪，因为班里许多孩子都有在课前把该背诵的内容提前背诵完的习惯。尽管如此，王老师还是充满激情地表扬她："好孩子，你真能干！""可是，老师，你知道我是怎么记住它的吗？"孩子并没有离开，"有什么好方法，说给老师听听。"听了孩子的问话，倒激起了王老师的兴趣。"我是把这些词语连成了一段话：一个星期六的早晨，我早早地起床了，整装待发，随着爸爸、妈妈一声令下，我们一家三口兴致勃勃地出发了。一路上真是风景如画，让我目不暇接，我情不自禁地赞叹道：'多美的景色呀！'……"

孩子的话还未说完，上课铃响了，孩子意犹未尽地回到了座位上。看着孩子的神情，王老师灵机一动，这节课何不改变一下以往的套路，让孩子们根据他们的需要，用自己喜欢的方式来学习这一内容呢。于是一开课，王老师就对孩子们说：

"孩子们，当你们看到《积累·运用六》'读读背背'里的这些词语时，你们有什么想法？"一石激起千层浪，孩子们纷纷发表他们的想法："我想读好它们"，"我想背诵它们"，"我想理解它们"，"我还想把这些词语运用到我的作文中去呢！"……"那么怎样才能读好它们、记住它们、理解它们、运用它们呢？快想想办法吧！"问题一出，那个孩子已经早早地站了起来，迫不及待地说出了她的办法，她的话音刚落，教室里就响起了一片热烈的掌声。王老师也不失时机地鼓励道："孩子，这些词语都已经跑到你的作文中去了，你真是一个了不起的小作家呀！"这时，其他的孩子也不甘示弱。"老师，我还可以把这些词语画成一幅画"，"老师，我能把它们编成一首动听的歌"，"老师，我还能把它们写成一段导游词"……

于是王老师又及时组织孩子们，让他们根据自己的喜好进行学习。一时间，教室里有唱有跳，有说有诵，热闹非凡。这时，王老师发现喜欢朗诵的孩子把这些词语读得是那样的声情并茂，喜欢画画的孩子还别出心裁地在图画上标出了一些与这些词语息息相关的词。如在蓝天上标上了"阳光明媚"、"碧空如洗"，在花丛中标上了"五彩缤纷"、"繁花似锦"等词语。而喜欢唱歌的同学不仅把这些词语放在歌词中唱了出来，还加上了一些优美的动作。此时此刻王老师不得不为孩子们的创造力所折服。最后结束的时候，王老师也不由自主地用上了《积累·运用六》'读读背背'的一些词语："孩子们，今天我们兴致勃勃地上完了这节语文课，你们的表现是那样引人入胜，让王老师目不暇接。下周让我们整装待发，到风景如画的云景华庭去放风筝吧，相信那儿一定会让你们流连忘返的。"话音刚落，"耶！"教室里一片欢腾。

（摘自一位教师的教学经历）

案例点评：

无论是从教学过程，还是从教学结果来看，这都是一堂非常成功的语文课。王老师在学生的启发下，一改昔日循规蹈矩的教学风格，获得了意想不到的效果。孩子们不仅学得开心，学得高兴，还牢牢记住了需要背诵的词汇，并且创造性地将它们运用到了自己的作品当中。更重要的是这种师生互动中的即兴发挥，激发了学生学习的兴趣，活跃了学生的思维，锻炼了学生的表达能力，培养了学生的想象力和创造力，使学生体验到了成功的喜悦。这则成功的教学案例不禁让我们眼前一亮，原来语文课还可以上得如此声情并茂！反思以往的语文教学，大多数教师都是依照大纲要求，按部就班地写教案、备教案、讲教案。我们并不否认这样的备课方式，只是想提醒广大教师，备课中千万不能忽略学生这一重要因素，因为他们才是课堂教学的灵魂。教学不仅仅是一种告诉，更多的是学生的一种体验、探究和感悟。很多时候，学生的创造力是我们难以想象的。给学生一个开放的课堂，让学生去展示自己，你会发现：放飞学生，课堂精彩绽放！

 **理论解析**

（一）解读"以人为本"

"以人为本"的教学理念是当今素质教育的核心思想，该理念强调，人是教育的中心，人是教育的基础，人是教育的出发点，也是教育的归宿。"以人为本"的教育理念，倡导我们在教育教学过程中要尊重学生、理解学生、发展学生、提高学生，充分发挥学生的主体作用。将"以人为本"的教学理念贯彻于我们的课堂教学之中，也就是要求教师在课堂教学中不但要展现教材知识丰富的思想内涵，而且要塑造学生完美、健康的人格，拓展青少年纯洁美好的心灵，进而培养他们学习的主动性和创造性，在此基础上提升自身的学习能力，完成各项教学任务。

然而，由于升学与就业压力的影响，使得教育在选拔人才方面蒙上了浓厚的功利性色彩，致使"以人为本"的教育教学理念在现实课堂中往往被应试教育所左右。于是整个教学活动变成了知识点的简单积累、训练与记忆过程的不断重复，扼杀了学生作为学习主体所具有的鲜活个性特征。因此，如何在教学过程中真正彰显学生的主体地位、恢复课堂教学的人文性，是当前教育教学所

必须解决的问题，也是真正贯彻落实"以人为本"教学理念的关键所在。

新课程改革倡导"一切为了每一位学生的发展"，学生是有血有肉、个性鲜明的主体，而不是盛纳知识的容器，因此，教学不能整齐划一，要注重个体差异；教学不能只着重于知识的灌输，更要注重对学生的引导。教学的真正功能在于为学生创造自我学习的有利环境，教师所扮演的角色应该是学生学习的激发者、引导者和促进者，而不是学生学习的替代者。教师为学生创设的课堂应该是一个温馨和谐、激情四射、精彩横生的课堂。只有在这样的课堂上，教师和学生才能全身心地投入到教学与学习之中，才能共同感受课堂中生命的涌动和成长；也只有在这样的课堂上，学生才能获得多方面的满足和全方位的发展，教师的劳动才会闪现出创造的光辉和人性的魅力。教学不只是一门科学，更是一门艺术。教学应饱含艺术的韵味，富有艺术的形态，展现艺术的创造，让学生在艺术的殿堂里涌现生命的智慧与光芒。

(二)"以学生为本"的教育理念与现代课堂教学设计

1. 传统课堂教学中存在的弊端

(1) 以教为本

以学科教学为本位的课堂更加注重教师与教学的作用，把生动、复杂的教学活动围于固定狭窄的认知主义框架之中，只注重学生对学科知识的记忆和掌握，而不关注学生在教学活动中的情绪与情感体验。正如前苏联教学论专家斯卡特金所指出的："我们建立了很合理的、很有逻辑性的教学过程，但它给积极情感的食粮很少，因而引起了很多学生的苦恼、恐惧和别的消极感受，阻止他们全力以赴地去学习。"

(2) 知识本位

以知识为本位的传统课堂教学强调的是知识的本位价值，对于情感、态度、能力等其他方面的价值却没有给予积极的关注。这种以知识为本位的教学在强化知识的同时，从根本上失去了对人的生命关怀，从而使学生成为被肢解的人。

（3）以静态教案为本位

传统的课堂教学设计往往是一本教案一堂课，在这种以静态教案为本位的课堂教学中，学生只能被动适应，而无从发挥自身的主观能动性。教师以自身对教材的理解与把握，替代了学生对学习内容的认知与探索，在这种"喂"的过程中，学生丧失了应有的能动性和创造性。

2. 现代课堂教学设计的主要特征

从本质上讲，教学设计是一个分析教学问题、设计解决方案、试行并评价试行结果、根据反馈进行修改与完善的过程。因此，教学设计应该是一个动态的过程，而不是一本静止的教案。教师应该让静态的教案活起来，从学生乐学、愿学的角度去备教材、备学生，改变以往用教材去"喂"学生的传统教学模式。新课改要求课堂教学彰显学生的主体地位，将教学过程由教师本位转换到学生本位，以开发学生的学习潜能、塑造学生的健全人格、促进学生的全面发展为教育的最终目的与根本归宿。简单地说，"以学生为主体"主要包含两层含义：第一层含义是以学生的学为本位，第二层含义是以学生的发展为本位。其中，以学生的学为本位是教学的基础和前提，以学生的发展为本位是教育的目的与归宿。而学生的发展又包括两个层面：一个是身体的发展，另一个则是心理的发展。可以说，现代课堂教学设计作为对传统教学理念与教学设计的发展与补充，增加了对学生的人本关怀，真正地将"以学生为本"落到了实处。

（1）以学为本

"以学生为本"的现代课堂教学设计要求从以教师的教为本位的教学观，转向以学生的学为本位的教学观。教学观念的转变并不是对教师价值的否定。强调以学为本的教学观并不否认教师在现代课堂教学中的主导作用和重要地位，而是要教师明确课堂教学设计的一个首要目的就是为学生的有效学习提供服务。教学教在得法，重在学习，只有教得有道，才能学得有效。

(2) 以发展为本位

现代教学倡导以人为本位，旨在促进人的发展。"以学生为本"的现代课堂教学设计，要求由以书本知识为本位的价值观转向以学生发展为本位的价值观。新课程把发展的内涵界定为知识、技能，过程、方法与情感、态度、价值观三者的整合。强调以学生发展为本位的价值观，并非不重视书本知识的传授，而是要让书本知识的传授服从、服务于学生的发展。知识是成就学生成长与发展的载体，对知识的学习与掌握是学生实现情感化、个性化、智慧化发展的必经之路。因此，教师在备课的过程中要把"教材的知识"转化为"教师的知识"，在课堂教学实施中再把"教师的知识"转化为"学生的知识"。借助于教师来激活知识、播种知识，通过学生积极、主动的思考与探索，使"学生的知识"获得"生成和生长"。

(3) 以动态方案为本位

"以学生为本"的现代课堂教学设计要求教师由以静态教案为本位的备课观，转向以动态方案为本位的设计观，这是以学生的学为本位的教学观和以学生的发展为本位的价值观的必然选择。强调以动态方案为本位的设计观并非全盘否定静态教案的价值，而是要以一定的"静态教案"为基础，根据课堂上学生学习的反馈情况做出动态的、适时的调整。有些教师在课堂教学中一定要按部就班地按照预设的教案进行教学，否则就会在教学中找不到头绪，甚至认为不按照教案进行教学就无法完成教学任务。事实上，这样的想法是一种误区，因为教案只是教师在备课过程中对教学所做出的准备，教案本身就具有一定的预测性和猜测性，"静态教案"中所预设的"教学起点"可能不是实际的教学起点，"静态教案"中所预设的教学难点也可能不是全部的教学难点。因此，教案只是教学的参考，而不是教学的全部，教案需要从以显性为主转向以隐性为主，使其真正地动起来，为学生的学习和可持续发展服务。

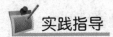 实践指导

伴随着时代的发展与社会的进步，教育的理念也在与时俱进地不断更新。"以人为本"的教育理念倡导教育要将人作为教学的出发点，顺应人的禀赋，提升人的潜能，完整而全面地关照人的发展。那么，在具体的教育实践中，应该如何贯彻实践"以人为本"的教育理念呢？

（一）备课中关注学生的需要

备课是教师施行课堂教学的准备工作，课准备得如何直接关系到课堂教学的质量。传统备课模式存在的突出问题是：备课只关注知识结构的系统性和完整性，即教师只关注自己在课堂上讲些什么，而忽视了学生的认知水平和认知需求，即学生需要学些什么，学生能够学到什么。新的教育理念要求教师在备课过程中充分考虑学生的需求，具体而言，包括以下几个方面：

1. 满足学生的发展需要

一节课包括哪些教学内容，有什么样的知识与技能要求，这些在教学大纲里都已经有了明确的阐述。然而，我们的教学决不能是死板的教学，要根据学生的实际需要随机应变。学生已经会的知识可以不讲或少讲，学生能够自主完成的知识，教师可以不用过多地干预。课堂教学要重点关注学生的最近发展区，在最近发展区内为学生的学习搭建学习与发展的平台，使学生在平台上通过自主学习或合作互助完成学习任务，从而提高课堂教学的实效性。

2. 注重学生的能力培养

很多学生都会遇到这样的困惑：平时听课能够听得懂，训练也能够完成，为什么自己独立处理习题（特别是考试）时却做不出题来呢？这是当今教育教学体制下普遍存在的一种现象，是由传统灌输式教学模式所导致的后果。传统教学模式较少关注学生的思维模式及其形成过程。备课中教师关注的是如何把知识讲给学生听，求的是自身的思路清晰、表述准确，而对于学生能否真正理解考虑得不够周全。因此，很多时候教师所讲的，学生并非能听、会想、能展。新的教学理念强调以学生为本，一切从学生实际出发，即要求教师在备课时所

预设的每一个教学环节，必须符合学生的认知水平和技能，注重知识及思维习惯的自然形成过程。通过教和学，完成学生知识的自发建构、科学素养的主动养成及综合素质的不断提高，从而全面贯彻以学生为本、一切从学生实际出发、一切为了学生发展的教学理念。

3. 关注学生的心理需求

(1) 留给学生创造的空间

课堂教学要为学生提供创造的空间，让学生有发挥创造的机会，让他们在伙伴的欣赏与惊叹中体会个性化思维的乐趣，获得成功的体验，进而在内心得到满足的同时，养成积极的情感和态度。譬如，教师在讲解题目之前，可以先让学生独立思考，鼓励学生作为"小老师"给大家讲解，这样学生的思维火花就会在一刹那间被点燃，并体验到自我的存在价值。

(2) 关注学生的情感体验

孔子说过："知之者不如好之者，好之者不如乐之者。"课堂教学应该让学生体会到一种充满生机、积极向上的情感体验。学生在课堂上是热情高涨，还是冷漠呆滞？是其乐融融，还是愁眉苦脸？伴随着学科知识的获得，学生求知的欲望是被点燃，还是被扑灭？学生对学习的信心是越来越高涨，还是越来越消沉？这一切都必须为教师所关注，这种关注透视着教师对学生的热爱与关怀。

(3) 欣赏鼓励每一名学生

第斯多惠说"教学的艺术不在于传授本领，而在于激励、唤醒和鼓舞"。学生需要教师的激励。激励性的语言犹如扬帆的劲风，是学生前进的动力。激励能激发人的潜能，开启人的心智，使人灵感涌动。使学生在宽松、和谐、民主的自由空间里与老师进行心灵的碰撞、生命的融合，不断获得成功的体验，并在成功中走向成功。

4. 关注学生的道德养成

课堂不仅是学科知识传递的殿堂，更是人性养育的圣殿。课堂教学潜藏着丰富的道德教育资源，"教学永远具有教育性"，这是教学活动的一条基本规律。

教师不仅要充分挖掘和展示教学资源中的各种道德因素，还要积极关注和引导学生在教学活动中的各种道德表现和道德发展，从而在教学过程中培养学生高尚的道德情操，获得丰富的人生体验。

（二）教学中注重对学生的引导

1. 精彩导入

优美的文章要有好的开头，才能扣人心弦；动听的歌曲要有美妙的前奏，才能使人共鸣，课堂教学亦是如此。好的导入方式能最大限度地调动学生参与的激情，让课堂一下子"热"起来，使学生在瞬间就彰显出生命的活力，积极主动地与教师一道探究新的知识领域。俄国教育家乌申斯基说过："注意是我们心灵的唯一门户，意识的一切，必然经过它才能进来。"好的导入方式不仅能引起学生的注意，而且还能营造温馨祥和的师生关系，让师生在合作中开启智慧之门，实现共同发展。

2. 互动教学

托夫勒曾说过："未来的文盲不再是目不识丁的人，而是没有学会怎样学习的人。"因此，教师在课堂教学中，应该把精力放在怎样使学生参与到教学中来，从而使学生学会学习。课堂教学，学生只有参与其中才会增强自身的主人翁意识，只有这样，学生才能真正成为学习的主人。

3. 有效建构

布鲁纳认为："在发展的每个阶段，儿童都有他自己的观察世界和解释世界的独特方式。给任何特定年龄的儿童教某门学科，其任务就是按照这个年龄儿童观察事物的方式去阐述那门学科的结构。"这里所指的"结构"就是认知结构。从这个意义上说，学生的学习是其与外界环境的相互作用，通过学习者的主动行为而发生，学习取决于学习者本人做了什么，而不是教师为他们呈现了什么。学生在学习过程中需要经历"由感知抽象到概括应用"的认识过程，其中有两次飞跃：第一次是学生的认识活动要在详细感知的基础上，通过概括得出结论（即感知概括）；第二次是把掌握的知识结论运用于实际生活当中（即

概括应用）。学生的学习只有完成了这两次飞跃，才算真正实现了教学的目的。

4. 画龙点睛

俗话说："编筐编篓，重在收口；描龙绘凤，重在点睛。"成功的课堂，教师所追求的不仅仅是开头的引人入胜、中间的环环相扣，更需要画好课堂结尾这一点睛之笔。一个好的结尾能像古钟的余音那样，袅袅不绝地在人的心里回荡，激起学生去探索未知领域的欲望，架起课内与课外相联系的桥梁，成为下一段知识旅程的新起点。

（三）发展创新教学模式

中国科学院院士、美国诺丁汉大学校长杨福家曾说过这样一句话："学生的头脑不是一个被填充的容器，而是一个待被点燃的火种。"这句话说明人本教育要尊重学生的主体地位和主动精神，充分挖掘学生的智慧与潜能。这就要求教师在课堂教学实践中不断探索，不断创新，发展出最适宜学生学习的课堂教学模式。

1. 重视个性差异，因材施教

奥托·瓦拉赫是诺贝尔化学奖获得者，他的成功过程极富传奇色彩。瓦拉赫在开始读中学时，父母为他选择了一条文学之路。不料一个学期下来，教师为他写下了这样的评语："瓦拉赫很用功，但过分拘泥，难以造就文学之材。"此后，父母又让他改学油画，可瓦拉赫既不善于构图，又不会润色，成绩全班倒数第一。面对如此"笨拙"的学生，绝大部分老师认为他成才无望，只有化学老师认为他做事一丝不苟，具备做好化学实验的素质，建议他学化学，这下瓦拉赫智慧的火花一下子被点燃了，终于获得了成功。瓦拉赫的成功说明了这样一个道理：学生的智能发展是不均衡的，每一个学生都有智慧的强点和弱点，教师只有帮助他们找到自身智慧的最佳点，并使其得到充分发挥，才可能取得骄人的成绩。

当前教育过于追求统一化的弊端，忽视了学生的个体差异，压抑了学生的个性成长，对学生的全面发展十分不利。古代著名教育思想家孔子提出，育人要"深其深，浅其浅，益其益，尊其尊"，即主张"因材施教，因人而异"。因此，新课改所倡导的"以人为本"的教育要充分重视学生的个性差异，尽可能地在课堂教学中做到人尽其才，才尽其用。

2. 保护求知欲望，顺势引导

在学生丰富多彩的天性中，好奇心和求知欲是最为突出的两个代表。有时候，一个很简单的问题，就可以引发学生的许多思考。在我们的课堂教学中，如果能及时保护学生的好奇心和求知欲，学生的探索精神和专研能力就能得到更充分的发展。强烈的求知愿望能够因良好的环境和适当的教育而不断得到强化。反之，在不适当的教育中也可能夭折。一道禁令、一声呵斥，乃至一丝无意识的嗤笑，都会终结学生的求知欲望。因此，人本教育要求教师要像呵护荷叶上滚动的露珠一样，保护好儿童的各种天性。

3. 树立主体意识，改变教学方法

在传统的教育理念和教育体制的束缚下，学生习惯于把教师视为至高无上的权威。于是他们把教师的话当作圣旨，毫无批判地全盘接受。在学生已经丧失自我主体意识的情形下，又何谈学生主体性的发挥？因此，在人本教育中，我们要找回学生失去的主体意识，变被动的"要我学"为主动的"我要学"，从单纯的知识学习转为主动的知识建构。

4. 留给学生思考与提问的空间

古人云："学而不思则罔，思而不学则殆。"因此，我们的教学应该让学生拥有更多思考的空间。在课堂教学中，要培养学生学习的主动性与创造性，激发学生的想象思维，留给学生足够的思考空间是其前提和保障。爱因斯坦说过："提出一个问题，往往比解决一个问题更重要。"学生能够提出问题，就说明他们在思考问题。因此，作为教师，要积极鼓励学生大胆提问，并给学生留出提问题的时间和空间，让学生在学会知识的同时，学会思考，学会探索。

（四）实行民主教学风格

所谓"以人为本"的教学手段，就是贯彻以学生为中心的原则，体现平等、宽容的新型师生关系。这种教学手段有利于发展学生个性，激发学生的创新思维，是区别于"一支粉笔、一块黑板、教师一言堂"传统教学模式的新型教学手段。课堂教学民主化，就是"以人为本"教育理念的一个具体体现。在课堂教学中实行民主教学，其最重要的标志就是尊重和发展学生的个性特长，健全和完善学生的人格品质。民主教学的手段多种多样，例如，启发式教学法、发现式教学法、吸引教学法、"学习自由"教学法、合作学习教学法等，教师可根据不同的授课内容、不同的课型、不同的授课背景，选择最适宜学生学习和发展的教学方法。

 学以致用

别出心裁的体育课

预备铃声一响过，学生便聚集到体育课的集合点。当看到器材筐里的实心球后，便开始小声地嘀咕："老师，今天上课讲什么内容呀？"有两位女学生略带怯意地问道。"今天我们上投掷课。"刘老师回答说。"啊！"两位女同学发出"痛苦"的声音，其他学生脸上也泛起愁云。的确，筐中脏乎乎的实心球确实有些不招人喜欢。同时他们也表现出对沙包和手榴弹有几分好奇。

"健康第一"，安全更不可忽视。为了更好地在安全的前提下达成教学目标，刘老师针对本节课的主要内容和学生身心特点，采用了"抓手指"和"排头抓排尾"两个游戏来使学生的身体机能和心理状态得到预热。同时也转移了学生对实心球的注意力。

那么如何才能激发学生的学习兴趣呢？在两个准备游戏过后李老师开始提问："同学们，你们知道在学习与生活中有哪些与投掷有关的活动吗？"

"投篮。"一位男学生抢先回答。

"扔纸团"、"套圈"、"扔飞镖"……

"不错，你们说的都很对，那么它们都有哪些共同点呢？"

"都要用手扔。"一位学生回答，随之有更多的学生附和。

"除了用手进行投掷外，还有什么共同点吗？"刘老师接着问道。

学生们一脸迷茫。

"这些活动是不是都有投掷的目的呢？"刘老师接着启发。

"嗯，是的。"学生回答。

"今天，我们就以投远、投准为目的，由大家自己设计、创新投掷的方式。要求只有一个，就是要注意安全，而且大家的投掷方式要尽量做到不一样，看谁的投掷动作最具新意，好吗？"刘老师说。

"好，好。"学生欣喜地答道。

接下来刘老师将队伍带至投掷场地，宣布以投远为目的的投掷体验开始，并重申"尽量不重复别人已采用过的动作，看谁的投掷动作最具新意"的要求。随后，男、女各两组，按顺序以投远为目的进行创新投远练习。同学们的投掷真可谓是千姿百态、花样迭出：弓步正向、马步后抛、双手胯下后抛、双膝跪姿前后左右抛、原地侧向抛、侧向上步掷……课堂上，大家不但完成了教材上的内容，还创造了更加丰富的姿势，使得创新精神、创新意识、创新能力得以承载和发扬。

（本案例节选自互联网）

问题：

1. 请对刘老师的这堂体育课做出点评。

2. 结合教学实际谈一谈，如何在学生学习热情不高的情况下，扭转局面，调动学生的学习热情。

第二节 崇尚师德：对教师职业道德的诉求

情景再现

场景1：数学课上的沉默

淘淘是个很调皮的孩子，在班级里以活泼好动出名，经常扰乱课堂纪律，打断老师的讲课思路，令任课教师很是头疼。一次数学课，淘淘的表现异常沉闷，安静地坐在座位上一言不发，数学老师叫他站起来回答问题，他仍然低头不语，无论老师怎么问，他就是不说话。数学老师一气之下便说："你平时那股淘气的劲头都哪去了？给你机会让你发言你又不说了！真是正经事找不着你，调皮捣蛋一个顶俩！"说完又找了其他同学回答问题，课堂教学继续进行，淘淘依然低头不语……

场景2：语文课上的哭泣

数学课结束之后，接下来是作文课，淘淘依然表情沉重。平时连手都不举、在课堂上张口就说的淘淘今天这是怎么啦？王老师发现了淘淘的异常表现，觉得势头不对，决定探个究竟。于是她叫淘淘站起来发言："我们今天的作文题目是《我喜欢的小动物》，淘淘，你不是总跟我们说你家养了一只小花猫吗？现在你就跟大家描述描述你的小花猫到底有多可爱吧。让我们大家一起来分享一下你那只可爱的小花猫吧！"谁知道淘淘听了王老师的这番话，哇地一声哭了。

淘淘这一哭把全班同学都哭愣了，班级的气氛顿时凝固了。这时王老师走到淘淘身边，摸了摸他的头，关切地问："淘淘，发生什么事了，这可不是平时的你呀？"淘淘边哭边说："我的小花猫丢了。我喜欢小猫，哥哥就用他的小狗和人家换了只小猫给我，我都养了好几年了，和它特别有感情，但是它跑丢了，我找不到它了。爸爸说再给我买一只，可没有一只能和我的一样，我好想我的小花猫。"

这是淘淘第一次在课堂上当着老师和全班同学的面落泪。听了淘淘的这番话，王老师感触颇深，于是语重心长地对大家说："同学们，淘淘对小花猫的感情是一份多么真挚的情意啊，这是一份多么单纯的感情！一颗多么美好的童心啊！这份情谊对大家有什么启示呢？现在你们就以作文的形式把它写下来吧。我相信你们每个人都会写出一篇富有真情实感的好文章的！"

　　课后，王老师还把淘淘单独留了下来，与他进行面对面的谈心，安慰他那颗受伤的幼小心灵。

案例点评：

　　同样的一个学生，同样的一件事情，由于不同教师的不同处理方式，产生了不一样的教育效果。一个是不问缘由地批评和讽刺，一个是善于观察和引导的关爱；一个使学生幼小的心灵受到伤害，而另一个则使学生受伤的心灵得到了抚慰。教师的爱心是孩子心灵健康成长的原动力，能使有缺陷和有特殊困难的学生信心倍增，能使犯了错误的学生重新振作。我们常常呼吁教师要有高尚的道德情操，要热爱教育事业，要为教育事业奉献终身。然而，热爱教育事业，首先要热爱的就是自己的学生，一个连自己学生都不热爱的教师，又何以谈得上对教育事业的热爱与忠诚呢？

　　教师作为社会道德传统的继承者和传递者，不仅要把前人长期积累的生产经验和科学文化知识传递给学生，而且还要把前人确定的道德价值观念传授给学生。在老师的眼中，学生就是未长大的孩子，无论他们长得多高、多大，在老师面前他们永远都是孩子。作为教师，只有把每一名学生都当作自己的孩子，发自内心地去关心和爱护，才能使他们更健康、更茁壮地成长。

🔍 理论解析

　　人们常说，教育是太阳底下最光辉的事业，教师是人类灵魂的塑造者，那么，教育的光辉何在？教师的灵魂作用又何以彰显？师德就是最好的诠释。师德是人梯，给求学的攀登者以无穷的帮助；师德是渡船，搭送着求知者驶向成功的彼岸；师德是彩虹，是驿站，是理想之火，是生命之光，是教师的人格魅力，是教育的全部生命。

相信很多教师都会产生这样的疑问：为什么要在备课中探讨师德？备课与师德究竟有着怎样的联系？事实上，备课与师德这两个看似无关的领域实则密切相连，备课作为教学过程的重要组成部分，同样承载着育人的神圣使命。备课不仅意味着对学科教学任务的理解与把握，同时要将学生的道德发展融入到教学过程之中。备课体现的不仅是教师的教学艺术，同样体现着为师之道、为师之德，是教师人格智慧与道德境界的集中展现，教师的一言一行都具有重要的教育影响力，因此，师德同样也是备课中不容忽视的重要因素。

（一）解读师德

1. 恪尽职守，甘心奉献——师德的基本要求

教师是一项育平凡于伟大的职业，作为教师，只有正确地认识到自身的社会责任和社会义务，深刻地理解教书育人的崇高与伟大，才能自觉地完善自我，不断地提升自我，才能更有效地完成神圣的教育使命。

人们常把教师比作蜡烛，比作春蚕，这是对教师燃烧自己照亮他人、牺牲自己、献身教育的一种真实写照。燃烧，是一种姿态；献身，是一种境界。而教师所从事的工作又不仅仅是简单的燃烧与献身，在燃烧与奉献的同时，教师还要不断地汲取和升华，要用自身的火焰点亮最大的希望，让自身的价值得到最大限度的发挥。他们无所图，无所求，学生健康地成长，成为对祖国、对社会有用的人，就是对他们最好的回报。正是这种成就感、幸福感，激励着千千万万的教师不辞辛劳地为教育事业奉献终生。

2. 以德育人，以情优教——师德的核心力量

师者，传道、授业、解惑。传道，传的不仅仅是求学之道，更是为人之道；授业，教授的不仅仅是知识与文化，更是人之成长；解惑，解答的不仅仅是疑难问题，更是人生之惑。教育只有将"教书"与"育人"结合起来，才能称其为完整的教育。教师只有将学生的人格成长与知识养成看得同等重要，才能称其为合格的教师。

"学高为师，德高为范"是教师从事教育事业所坚守的信念。作为一名教师，仅仅懂得教书育人还是远远不够的，最重要的是心中有爱，对教育的爱，对学生的爱，只有捧着一颗心来，怀着一份爱教，才会在教育岗位上兢兢业业，无私奉献。师德，对于教师而言不仅仅是职业的规范、世俗的评判和社会的呼唤，更是学生的期盼。师德犹如教师内心深处的一股清泉，流淌在每一个学生的心间。

教书育人是爱的事业，教师的爱与众不同，它高于母爱，大于友爱，胜于情爱。师爱是严与爱的巧妙结合，是理智而科学的爱，是积极主动的爱。爱学生，怎么爱才是真正的爱？近来一些舆论批评某些教师是"制造自卑者的教师"。一些教师认为，学生的优点不夸跑不了，学生的缺点不批改不了。因此，他们总是批评、训斥、否定学生，而很少鼓励、表扬、肯定学生。其实，在教师的眼里，学生不应该有三六九等，爱学生就要对学生一视同仁，不能用简单粗暴的做法对待学生或歧视学生。要相信每一个学生的身上都有闪光点，要善于发现他们的闪光之处，让每一个学生都能成为一颗光芒四射的钻石。学生取得进步的时候，与他一起开心，给他肯定；学生退步的时候，与他一起分析，给他鼓励；学生迷茫的时候，给他指点迷津；学生犯错的时候，帮他改正。这样的爱才是真正的爱。

精诚所至，金石为开。只要有爱，课堂就会充满和谐；只要有爱，我们的课堂就会记录下学生点滴的成长。

3. 以身立教，为人师表——师德的人格魅力

俄国著名教育家乌申斯基说过："教师的人格，就是教育工作的一切。"青少年处于人生的成长时期，正在从懵懂走向成熟，因而具有极强的模仿性和可塑性。他们总是喜欢把教师作为自己的榜样，而这一榜样的作用往往又是在师生交往与互动的过程中形成的。因此，师生关系在一定意义上说，就是塑造与被塑造的关系。教师要求学生文明修身，自己首先就要讲究礼貌，谈吐文雅；要求学生衣着整洁、朴素大方，自己就应衣着得体、端庄典雅；要求学生言行

一致，自己就要说到做到；要求学生诚实守信，自己就要表里如一。总而言之，教师只有在教育的过程中动之以情、晓之以理、导之以行，才能以情育人、以理塑人、以行正人。

为人师表是教师的美德，以身立教，才能起到人格感召的作用。因此，作为教师，我们要时刻用规范的言行引导人，用崇高的师德塑造人，用高尚的人格感染人。

4. 大胆创新，与时俱进——师德的理念升华

在现实教学中，我们常常看到一些教师会犯"三多三少"的毛病：对学生现状看得多，对学生发展关注少；对知识数量要求多，对能力训练培养少；对考试分数看得多，对实际能力关注少。这种传统的教书观念与新时代对人才的要求是相距甚远的。人们常说"授人鱼，不如授人以渔"。的确，任何一名教师都不可能把学生步入社会后几十年中所需要的知识都传授给他们，但是如果学生具备了自学的能力、独立思考的能力、探求新知的能力、动手实践的能力以及创造的激情与精神，同时又具有良好的思想道德素质，他们就能以不变应万变，无论什么时候都能做对社会有用的人。因此我们说"育人"不能一般性地理解为培养学生，而是应把它放在特定的历史条件和社会环境中去认识。

传统意义的传道、授业、解惑是对为师者业务职能的概括，今天教师的角色正在发生着巨大的转变：从知识的传道者转向学生学习的领路人，从疑难问题的解惑者转向发现问题的启发人。让学生从分数的奴隶变为学习的主人，教师自身角色的转变是至关重要的一步。这就要求教师具备把握大局的能力，要具有与时俱进、勇于创新的思想。要从以教师的"教"为出发点转变为以学生的"学"为出发点，让教师的教为学生的学服务，启发学生学，引导学生学，让课堂成为学生学习的用武之地，成为学生在教师指导下获取知识、训练能力、发展智力以及思想情操受到良好熏陶的场所。

（二）教师职业道德品质的形成及其特点

职业道德品质是教师在从事教育活动的过程中所表现出来的比较稳定的内

在品性。教师职业道德品质的形成与教师职业伦理的要求密不可分，从本质上讲，教师职业道德品质是教师职业伦理的外在要求在教师个体身上的内化和个性化，是教师通过自我努力将教师职业伦理关系中所蕴涵的"为教之理"和"为师之道"内化为"为师之德"的结果。那么，教师职业道德品质的形成及其特点又是什么呢？

1．教师职业道德品质形成的阶段性特点

冰冻三尺非一日之寒。同样，良好职业道德品质的塑造也不是一朝一夕的事情，它既需要社会有意识地对教师进行职业道德教育，同样也需要教师在教书育人的实践中，不断地通过自我能动性提高其道德修养，将"规范"内化为"品质"，完成从"他律"到"自律"的过渡。"他律"与"自律"是职业道德内化的两种形式和两个重要阶段。"他律"是指外在的行为要求及与之相适应的灌输教育，"自律"是指经由他律而形成的内心自觉。

（1）教师职业道德的他律阶段

他律阶段"道"尚在"身"之外，道德规范对于教师而言还只是一种外在的"异己"事物。因此，教师对于职业道德的遵守也就并非完全出于自身的真实意愿，在行为的具体表现上或多或少地会存在着一定的被动性，有时候，甚至会将其视为一种负担。在他律的道德阶段，行为主体虽然缺少自觉精神，但是在这种"角色义务"的驱使下，通常也会遵从职业道德的规范要求。

（2）教师职业道德从他律到自律的转化阶段

从他律到自律，是教师个体职业道德品质培养和形成的一个质的飞跃。一旦教师自身开始深刻地认识到将"外道"化为"内德"的重要性，教师遵守职业道德的自觉意识就开始形成了。从此以后，蕴含在教师职业伦理中的"为教之理"、"为师之道"就不再是一种"异己"力量而存在于个体自身之外，而成为了教师个体"为己"的存在，教师的职业道德行为也开始由他律的被动遵守阶段发展到自律自觉阶段。如果说教师角色的"义务感"还或多或少地包含了一些"被动性"的话，那么，职业的"责任感"则来自于教师自我心灵的呼唤。

（3）教师职业道德理想的确立阶段

教师职业道德理想的确立是教师职业道德品质走向完善化的重要标志。这一阶段是对道德他律和道德自律的扬弃与升华。教师职业道德品质的培养只有到了这样一个阶段，才能够使我们最终拥有把握自身职业行为的稳定性和一贯性的精神品质。

2．教师职业道德品质形成的基本特征

（1）从形成上看，教师职业道德品质的形成是主体与客体的统一

教师良好职业道德品质的形成，离不开社会有意识、有目的、有计划地对教师所进行的职业道德教育。只有通过卓有成效的职业道德教育，才能让每一个教师都能够知"为教之理"，明"为师之道"。而作为具有主观能动性的人，在职业道德品质的培育过程中，教师所扮演的角色应该是积极主动的。教师应充分调动个体的自我意识把握自我角色，并形成自我的角色期待，这种角色期待会让其获得一种积极的主体精神。这种积极的主体精神的获得，对于教师良好职业道德品质的培育才是真正具有决定意义的因素。个体人格品质的培养只有依靠个体自身，才能最终得以完成。

（2）从过程上看，教师职业道德品质的形成是恒心与恒力的统一

教师职业道德品质的形成是各种因素共同作用的过程，因此，良好职业道德品质的形成与恒心和恒力是密不可分的。这就要求我们必须有充分的思想准备：一是要有恒心，不能放弃自我的人生追求；二是要有恒力，坚持不懈，持之以恒。

（3）从结果上看，教师职业道德品质的形成是共性与个性的统一

就教师个体而言，不同的教师其职业道德品质的确是千差万别，但无论他们之间的差别有多大，在他们身上我们总能找到一些共同性的人格品质，正是这些共同性的人格品质证明了他们教师的职业身份。教师职业道德品质所具有的"共同性"告诉我们，作为一名教师，我们必须使自己的职业人格具有这些共同性的属性，否则，我们就不能得到社会的认同。"是教师，就要有教师的

人格"，讲的就是这个道理。但另一方面，我们又必须认识到，这种"同"并非是完全的"相同"或"等同"，而是"近同"，所以，共同性的特征掩盖不了个性化的品质，这就是职业人格的"个性"。这种"个性"使得即使是在同一职业中，个体的职业人格也是丰富而生动的。因此，在培育自我的职业道德人格的过程中，我们不能因为"共性"而淹没了"个性"。一名优秀的教师所具有的良好职业品性，一定是具有鲜明个性化特征的品质。

实践指导

（一）师德缺失的原因

我国拥有五千年的辉煌历史与灿烂文化，积淀着五千年的文明与智慧。自古以来就有尊师重道的传统，古代有"天地君亲师"之说，现代有"人类灵魂的工程师"之称，无论在古代还是现代都把教师职业看得无比崇高与神圣。正因如此，社会对于教师的职业要求是不同于其他职业的，而师德则是教师职业素养中最核心的部分。

长期以来，广大教师在各自的工作岗位上为社会主义建设培养出了一批批合格的劳动者，为祖国的发展与壮大输送着一批批优秀的领头人。然而，伴随着市场经济浪潮的冲击，一些教师不再甘心平凡，无法正确设定自己的人生坐标，无法摆正职业与事业的关系，从而陷入种种观念上与言行上的误区。究其原因有以下几个方面：

1. 教育理念陈旧

当前，很多学校仍打着"素质教育"的旗号，大肆实行"应试教育"。许多学校只看重升学率，只抓教师业务素质，而忽视职业道德建设。这种教育的功利性行为很容易导致教师职业道德的缺失。"应试教育"的评估体系考的不只是学生，还有那些教学一线的教师。为了分数，教师们拿出各自的法宝，情感教育行不通，就举起大棒搞"铁血政策"，最终导致师生关系的冷漠。

2．缺乏良好的心理品质

教师的心理健康已成为影响教育发展的重要问题。在这样的教学背景下，教师个人的思维空间或狭窄，或混乱，教师的教学行为多表现为急躁烦闷、粗暴简单，缺乏创新，对学生更是缺乏耐心和爱心。教师自身心理素质的欠缺致使师德建设成为无本之木，无源之水。

3．教育评价机制落后

任何一种师德表现都能折射出许多深层次的东西，它包含着人才观、学生观、质量观、管理观、学习观、评价观等一系列相关理念在内的综合观念。当前对教师教学质量的考核仍然以学生的应试成绩为主，致使教师在社会各方面的压力之下延缓了师德建设的进程。

(二) 教师职业道德的培养

教书育人是教师平凡而又崇高的使命，作为传承人类文明的纽带，它所播撒的不仅仅是智慧的火种，更是一个社会的道德与良知。"学高为师，身正为范。"这八个字很精辟地诠释了"师范"的含义。"师"与"范"涵盖着教师职业道德的内容，也闪耀着教师职业道德的光辉。那么，教师应该如何塑造自身良好的道德品质呢？

1．立德树人，以爱为本

教育是培养人的事业，而如何对待所培养的对象，则是教师行业古今不尽的话题。千百年来，对这一问题的思考和探索，衍生出一种崇高的教师职业道德，这就是热爱学生。爱，是教育的基础；没有爱，就没有真正的教育。教育家赞科夫说过："当教师必不可少的，甚至几乎是最主要的品质就是热爱儿童。"疼爱自己的孩子是本能，而热爱别人的孩子则是神圣！这种神圣的爱，正是教师教育学生的感情基础。人无完人，孰能无过，更何况是一群天真可爱的孩子，偶尔犯这样或者那样的错误也是正常。这时，我们应该以一颗宽容的心去对待他们，而不是严厉地呵责与训斥。学生一旦体会到这种感情，体会到教师的良苦用心，就会"亲其师"，从而"信其道"。爱孩子不仅仅是包容与疼爱，还要学会信任和鼓励，给他们创造良好的成长氛围，用自己的温暖与真心去打动每一个孩子，要相信爱的力量是无穷的！教师之爱不是一种手段、一种技巧，而是一种情感、一种思想，它融化于教师的举手投足之间，蕴藏在教师的一笑一颦之中，无声地浸润着师生的心灵。

2. 蹲下身来，走进孩子

蹲下来，倾听孩子的心声；蹲下来，做孩子的好朋友；蹲下来，以孩子的眼光看待世界。教师想要走进学生的心灵世界，就必须改变自己，在心态上成为一个孩子。教师只有把童心用到教育中去，设身处地地为孩子着想，站在儿童的心灵立场、怀着儿童般的情感理解儿童的心灵世界，才能真正地走进孩子，宽容学生那些"可爱的缺点"。教师只有用淳朴对待淳朴，用真诚唤醒真诚，用正直铸造正直，才能以一颗童心去教育和感染另一颗童心。

3. 严于律己，当好表率

教师是学生的表率，其举止言谈、为人处世，无时无刻不给学生以潜移默化的影响。正如教育家加里宁所说的："教师的世界观，他的品行、他的生活、他对每一现象的态度，都这样或那样地影响着全体学生。"言行一致，表里如一，胸怀磊落，谦虚诚实，这是做人必须具备的美德，也是教师职业所必备的基本道德。教师只有在平时的工作、生活中严格要求自己，注意自己的一言一行，注意自己的工作态度和工作方法，才能以身作则，用自己良好的行为规范和师德修养去教育和感染学生，培养学生良好的品行和修养，为学生的终身发展奠定基础。

4. 充满热情，态度积极

由于当今社会对教师的要求过高，再加上教师自身工作任务的繁重，工作压力过大，导致很多教师对工作产生了倦怠情绪，工作热情不高，工作态度不积极，在很大程度上影响了工作的质量，更不利于学生的发展与成长。情绪具有传染性，作为教师，我们应该深刻地认识到这一点，这就要求教师在日常的教学生活中学会调整自己的心态，时刻保持良好的情绪状态，以积极乐观的态

度看待自己的工作，以良好的情绪去感染学生，给学生的学习创建一个积极的氛围，促进他们健康快乐地成长，实现教师价值与学生成长的双赢。

5. 终身学习，持续发展

陶行知先生曾有过这样一段精辟的论述："做一个现代人必须取得现代的知识，学会现代的技能，感觉现代的问题，并以现代的方法发挥我们的力量。时代是继续不断地前进，我们必得参加在现代生活里面，与时代俱进，才能做一个长久的现代人。否则，再过几年又要成为时代的落伍者了。因此我们必须拿着现代文明的钥匙，才能继续不断地去开发现代文明的宝库，保证川流不息的现代化。"这段话包含着一种教育思想，即终身教育的思想。终身教育，这是作为一名教育者所必备的理念。作为知识的传播者，更应该活到老学到老，才能胜任这一富有挑战性的职业。陶行知先生的"要想给学生一碗水，教师必须要有一桶水"的思想，虽然说了几十年，但在今天依然适用。社会在发展，知识在更新，课程在改革，要想跟得上时代的步伐，就要不断地给自己充电，不断地更新自己原有的知识结构，不断地更新自己的教育理念，只有这样，才能适应课程改革与学生发展的需要。太阳每天都是新的，学生每天都在成长和变化，因此，作为教师我们也要与时俱进，要把读书当成一种习惯，把学习看作一种乐趣，全方位、多渠道地汲取营养。在学习新知识、新理念的过程中，还要勤于实践，善于反思，注重积累，加强研究，走终身学习、可持续发展的自强之路。

6. 勇于探索，不断创新

传统教育模式所培养出来的人才最显著的不足就是缺乏创造精神和创新能力。长期以来，教师是教育的执行者，他们忠实于传统的教育观念，承袭前人的经验，迷信于教学参考书，固定的教学流程一用就是十几年，甚至几十年，完全丧失了个性体验。学生自然也与教师一脉相承，形成了传统教育的一大缺憾。创新从质疑开始，创新是个性的主张。新时代的教师只有具备与时俱进的意识，不断更新教育理念，勤于思考，敢于质疑，在实践中不断探索、开拓，形成独特的教学风格，才能培养出新时代所需要的人才。现代教师不能满足于做纯经验型的"教书匠"，而要做具有鲜活个性的"专家型教师"，而创新意识恰恰是实现从"教书匠"到"专家型教师"这一角色转变的关键。

7. 加强合作，优化团队

社会性是人类特有的属性，而人类社会性的特点恰恰决定了人不是孤立在社会中的人，而是存在于集体中的个体，人类的存在和发展是在与人的交流合作中产生的。因此，我们在呼唤教师队伍个性化的同时，同样不能忽视教师之间的交流与合作。个人的能力是有限的，但集体的智慧却是无穷的。作为团队中的一员，要善于发现他人的优点并虚心学习，学会赞赏，能为他人的进步和成功而高兴，能把自己的经验无私地与他人共享。通过同伴之间的合作形成强大的团队力量，去解决一个个难题，取得一项项突破。要提升团队的凝聚力，就需要团队中的每个成员都要有强烈的集体荣誉感，都要朝着预定的目标不懈努力，最终依靠强大的集体力量获取成功。

教师，是一个神圣的称呼；师德，不是简单的说教，而是一种精神体现。师德，需要培养，需要塑造，更需要的是——每位教师的自我修炼，每位教师的爱与责任！

感悟与思考

是谁改变了他?

新学期的第一堂课，因一只被赵小明放在书包里的青蛙蹿出来"呱呱"直叫，影响了课堂教学的进行。班主任当着全班同学的面狠狠地批评了他。可是，第二天，教室里又出现了一只小猫，接着又出现了小狗、麻雀……甚至有一次，赵小明竟然将一条蚯蚓放到了讲台上。班主任对他批评、监视、处罚，都没有使他转变，认为他真的是无药可救的"调皮大王"。

到了初二，赵小明依然是那样调皮。新来的班主任仔细地观察他，不久发现他喜欢上生物课，于是找他谈话，非但没有批评他，还告诉他班上要成立一个动物兴趣小组，准备让他当小组长。他非常激动，向班主任表明了决心。半年后，赵小明从观察昆虫的活动中懂得了学好各门功课的重要性，对学习产生了浓厚的兴趣，也逐渐改掉了散漫的坏习惯，认真学习，有了很大的进步。他所撰写的科学小论文《蚯蚓在农业生产中的作用》在市科学研究杂志上发表。在赵小明的带领下，动物研究小组所制作的标本也在全市昆虫考察比赛中得了奖。

问题：

1. 请你帮助分析一下，赵小明为什么会产生如此之大的转变？
2. 赵小明的转变给你的教学工作带来了哪些启示？

第三节　角色定位：传授知识与塑造人格

情景再现

场景1：外语课上的委屈

这是一堂外语公开课，外语教师在讲完例题后，请同学们练习投影仪上的题目。他叫了一位坐在角落里的女生。"老师，我看不清楚。"被叫的女生怯怯地回答。"那就到投影仪前面来。"教师说道。结果，女生走到投影仪前面，回答了问题，可是她答错了。教室里响起了一片嘲笑的声音，女孩的脸羞得通红。"回去吧，请下一位同学回答。"外语老师不满意地说。

另一位同学的回答非常出色，于是老师继续领着同学做下面的练习，而那位没有回答出正确答案的女生，回到座位后再也没有抬起头来。临下课时，老师问谁还有不懂的问题，女生的手举了起来，可惜老师没有看到就结束了这堂课。外语老师走出教室的时候，这位女生的眼角挂着晶莹的泪花。

场景2：找回失去的自信

这是一堂语文公开课，恰巧的是角落里的女生又被叫起来回答问题。然而，同样的一幕再次出现，女生的回答又错了，教室里同样出现了哄笑的场面。这时，只见语文老师打了一个"停止"的手势，笑着说："同学们，我们在回答问题时，都有出错的时候，这是一种正常现象。这时，我们大家应该互相帮助，使对方改正错误，而不应该嘲笑别人。相反我们应该感谢对方：一是她让我们避免了再次出错，二是她能够当着这么多老师勇敢地回答问题，为我们做出了榜样。鉴于这两点，我们是不是应该向李玲同学表示感谢呢？"

随着一声"是"，教室里响起了一片热烈的掌声，在同学们羡慕的目光下，李玲红着脸坐了下来。在后来的课堂上，她始终昂着头，认真地听老师讲课，认真地做着笔记，一脸的自信，一脸的幸福。即将下课的时候，语文老师问："这节课，大家有什么收获呢？"李玲的手高高地举了起来。"李玲，你来说。"语文老师仍旧笑着说。"我学会了尊重和包容，更懂得了鼓励的重要性。"她的话音刚落下，教室里便传出了"对、对"的应答声。当语文老师走出教室的时候，这个女生满脸都是自信的笑容。

案例点评：

同样的一个学生，同样是回答错了问题，在不同的课堂上，教师不同的处理方式带给了学生不一样的感受，当然，也收获了不一样的教育效果。作为教师，当学生答错问题时，我们是给予鼓励，还是给予漠视；是引导学生挖掘自己身上的闪光点，还是将学生的自信心消磨掉……这是一个值得深思的问题，更是一个值得探讨的问题。这一问题也反映着教师是否懂得欣赏学生，是否懂得尊重与包容，这也是"人师"与"经师"相区别的一个重要标志。"经师"可能会重视职业技能的娴熟，当教师从新手到熟手时，其职业技能也会发展到技巧水平上，完成常规任务也能达到游刃有余的程度，只有进一步发展，能够从职业道德修养的角度，向"人师"加以提升，才会真正成为完满

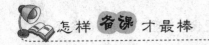

的教师。

课堂上，"人师"不会忽视学生答错问题时的感受这一细节，会把它当做培养学生人格、开发学生智力、扩散学生思维的良好契机。如果能够抓住并很好地使用它，相信每一位学生都会发现自身的优点，拥有良好的自信及钻研问题的能力，相信不久的将来，我们的教育会绽放出更多鲜艳的奇葩！

理论解析

（一）经师与人师

叶澜教授曾说过这样一段话："当前我国基础教育中课堂教学的价值观需要从单一地传递教科书上呈现的现成知识，转为培养能在当代社会中实现主动、健康发展的一代新人。学科、书本知识在课堂教学中是'育人'的资源与手段，服务于'育人'这一根本目的。'教书'与'育人'不是两件事，是一件事的不同方面。在教学中，教师实际上是通过'教书'实现'育人'，为教好书需要先明白育什么样的人。只关注现成知识传递价值的教师，实际上是在'育'以被动接受、适应、服从、执行他人思想与意志为基本生存方式的人。青少年学生内在于生命中的主动精神和探索欲望，在这样的课堂教学中常常受压抑，甚至被磨灭。这种情况不改变，教育将成为阻碍社会和个人发展的消极力量。'新基础教育'主张今日中国的中小学教育，应把形成学生主动、健康发展的意识与能力作为核心价值，在教育的一切活动中都要体现这一价值。"

在中国历史上，教师一直有"经师"和"人师"之别。韩愈在《师说》里面讲"传道、授业、解惑"，其中"传道"所指的是为人之道、立世之道，也就是我们所说的道德教育，而这是放在作为知识传授的"解惑"前面的。历来认为，学有专长、专于一技，只是纯粹的教书匠，"经师"而已，而德才、学识兼备，尤其是人格足以为人楷模者才是"人师"，才是我们所说的"为人师表"。我们知道，"师表"一词在中国是一个历史悠久且超出教育学范畴的概念，而这两个字的道德人格意味是非常明显的。"师"即教师或以某人为师的意思。

孔子说"温故而知新，可以为师矣"。故"师"本身即意味着作为教师必须有供人效法的品质，"师"绝不是一个职业符号，谁佩戴它谁就是"师"。"表"原指外衣、外貌，后引申为"表率、标准"意。为师的人必须注重仪表、言行、形象，这是"师"足以供人效法的外在前提。所以"师表"合一即指具有崇高的道德人格且在道德与学问上足以作为榜样的人，也就是所说的"人师"的真正意义。

中国有句古话："作经师易，作人师难。"是说传授学生以知识比较容易，给学生以人格的影响却比较困难。我们是否可以把这两句话改为："作经师不易，作人师更难。"这样讲可能更加符合时代的要求。在中国古代，特别重视"教化"二字，根据近代思想家魏源的解释："教以言相感，化以神相感。"要二者相互为用，相得益彰。他认为："有教而无化，无以格顽；有化而无教，无以格愚。"说明"教"与"化"在教育中都是必要的。但他更为重视教育中情感影响的作用，"故言立不如默成，强人不如积感。"在这里他强调的是无言之教，人格感化。

（二）从知识传授到人格塑造

"千教万教，教人求真"，"千学万学，学做真人"这是陶行知先生做人的准则，也是他所倡导的真教育的真谛。在陶先生看来，真正的教育应该是"追求真理做真人"的教育。人们常说，体育失败培养出来的人是无法工作的废品；智育失败培养出来的人是工作不好的次品；而人格教育失败培养出来的则是祸害人类社会的危险品。因此，教育的首要任务就是"教人求真"，培养学生"真善美的人格"。人的一生有将近三分之一的时间是在学校度过的，而这段时期恰恰是人格养成的最关键阶段。因此，教师在学生人格的成长和成熟中扮演着十分重要的角色，教师在学生人格塑造的过程中所起到的作用是其他任何人都无法替代的。

1. 正确价值观的导向作用

价值观是一个人对世界、对社会方方面面的总的看法，如人生观、友谊观、生活观、金钱观等都是价值观的组成部分，人生观在其中占据着核心地位。儿童从四五岁起就会问"我是从哪里来的"，在进行探索自我的同时，儿童开始慢慢地体会生命的价值和人生的意义。社会的大原则告诉我们，在爱惜自己生命的同时，还要尊重他人的生命，人与人之间的相互支撑、相互帮助构成了整个世界，每个人生活在这个世界里，都要遵循社会共有的一些法规、法则。

教孩子学知识、懂道理是教育者义不容辞的责任。18岁以前是少年儿童形成价值观的关键时期，教育者给孩子怎样的教育，对孩子施加怎样的影响，直接关系到孩子对世界、对生活的态度。为了不使孩子迷失方向，教育者应主动探求价值观、人生观教育的方式方法，以身作则，引导孩子树立正确、积极的生活理念。

2. 人格魅力的催化作用

俄国教育家乌申斯基指出："在教育工作中，一切都应以教师的人格为依据，因为教育的力量只能从人格的活的源泉中产生出来，任何规章制度，任何人为的机关，无论设想得如何巧妙，都不能替代教育事业中教师人格的作用。"教书育人是教师的职责，能否履行好这个职责，不仅要考验教师能否教好书，还要考验教师是否有足够的人格魅力对学生的一生产生积极的影响。

教育学生是一个过程，不论教师自觉还是不自觉，都会对学生产生影响。言教重要，身教更为重要。《论语·子路》中说："其身正，不令而行；其身不正，虽令不从。"由此，我们可以看到教师人格的感召作用。教师的人格魅力影响着孩子对人生的感悟，在孩子人格的健康发展中起着潜移默化的作用。教师高尚的品质、渊博的知识、丰富的情感、坚强的毅力、积极的人生态度，不仅能提高学生的知识水平，而且能使学生明了人生的哲理，成为一个有道德、有智慧、有情感、有能力、有个性的人。教师的人格魅力是学生人格健康成长的催化剂和推动力。意识到教师在儿童健康人格培养中的重要性，我们也就感受到了自己肩上的责任——洁身自好，严于律己，无私奉献，这就是教师所应追求的境界。

（三）从经师到人师的角色转换

《学记》中说："记问之学，不足以为人师。"课程改革为广大教师提供了一个崭新的机遇，课程标准为学生发展而定，教材内容根据学生不同成长阶段的生活主题而编，于是教学有了自由，传"道"有了载体，教学的生命力量得以彰显。事实上，我们可以将课程标准与教材内容看作是形而下的"器"，将"为学生发展"视为形而上的"道"，使"器"为"道"所用，由只授"记问之学"的"经师"达到以人格力量去感化学生、以治学风范熏陶学生、以人生经验启发学生的"人师"境界，这样不仅能使学生受益终身，而且可以使教师自身的价值得到升华。那么，教师要实现从"教书匠"到"育人者"的转变，首先要从转变自身角色开始。具体而言，教师在教育教学的过程中要实现以下五种角色的转变，即由管理者变为组织者，由传授者变为参与者，由控制者变为帮助者，由主导者变为引导者，由仲裁者变为促进者。

1. 由管理者变为组织者

在传统的教育中，教师往往被看作是高高在上的管理者，作为教师大家或多或少会有这样的想法：学生年纪尚小，需要大人看管，因此师生之间的关系更多的是一种管制与被管制的关系。在很多教师看来，服从管理、听从教导的就是好学生，否则就是不听话的坏学生。在这样的"管理"模式中，我们的教育培养出了一批批平庸的"标准件"。新课程要求教师转变角色，由掌控学生的管理者变为引导学生主动参与的组织者。作为组织者，教师的首要任务是要营造一个接纳的、宽容的课堂氛围，创设能够引导学生主动参与的教育环境。在营造宽松愉悦环境的同时，培养学生的责任心和使命感，让学生成为能够对自己的行为负责的人，进而从他律走向自律，从自律走向自觉，最终走向成熟，走向成功。

2. 由传授者变为参与者

自古以来，传道就是教师职业的首要任务。教师作为知识的传授者，在他们的课堂中更多采用的是"我讲你听"的教学模式。这种居高临下的姿态影响了民主、平等、合作的教室"生态文化"的建构，破坏了课堂学习氛围的融洽与和谐。课堂教学不是教师讲授得越充分、越精细就越好，也不是学生听得越认真、越安静就越好，理想的课堂应该是学生勇于发现问题、师生共同探讨问题的生动画面，而不是学生跟着教师思维走得死气沉沉。教师要放下"师道尊严"的架子，从居高临下的权威走向平等中的首席，和学生一道去寻找真理，与学生们一起分享他们的感情和想法。教师不能只顾自己"导演"和"主演"，而应把学生尊为"主人"，尊重每一名学生的个性，关注每一名学生的成长与发展。

3. 由控制者变为协助者

传统教学模式中，教师是学生成长的控制者，新课程理念下，教师要成为学生成长的协助者。作为协助者，首先，教师要帮助学生明确学习的目的，制定合理的学习目标与学习方案，让学生明白自己需要学习些什么，通过学习能够获得些什么。其次，教师要帮助学生养成良好的学习习惯，掌握必要的学习策略，培养学生的认知能力。再次，教师要帮助学生寻找知识的意义与价值，激发学生的学习兴趣，调动学生的学习积极性，为学生提供各种便利条件，协助学生寻找和搜集学习资源，教会学生学以致用，懂得用所学到的知识去解决现实生活中的问题。

4. 由主导者变为引导者

在传统教育理念下，我们讲了多年的教学主导，在这种模式下，学生只能是被动学习的奴隶。新课程倡导我们要使学生由学习的奴隶变为学习的主人，这就需要教师在教学实践中转变自身的角色，从课堂教学的主导者变为学生学习的引路人。作为引导者，教师要精心设计问题情境，激发学生质疑与探究的欲望，注重教学的生成性，不要限制学生思考的方向。教学要引导学生主动而富有个性地学习，强调的应该是理解，而不是死记硬背。学问学问，"学"贵在"问"，"好课应当越讲问题越多"，教学过程应当是"从提出有答案的问题开始，到提出无答案的问题结束"。

5. 由仲裁者变为促进者

新课程要求教师从"传道、授业、解惑"的知识传递者与仲裁者，转变为促进学生知识建构和个性发展的促进者。作为学生学习的促进者，教师在教学过程中至少应考虑以下几方面问题：

第一，课堂教学应创设丰富的教学情境，给学生提供可以思考和探索的问题，激发学生的学习动机与求知欲望，培养学生的学习兴趣，让学生不仅能学、会学，更要乐学。

第二，课堂教学要及时反馈，及时调整，不可一本教案进行到底。此外，教师应对学生予以激励和肯定，给予学生心理上的支持，让学生充分享受成功的喜悦。

第三，课堂教学要注意培养学生的自律能力与合作精神，在此基础上，形成同学之间相互帮助、相互促进的局面。与此同时，要帮助学生学会对学习过程和结果进行评价，培养学生的自我实践和自我反思能力。

实践指导

（一）焕发课堂生命活力，促进学生全面发展

新课程改革为我们的教育提出了许多新的教育思想和教学理念，确立了新的教学目标，由无生命的知识传授转向以知识为基础的能力、情感、态度、价值观和人格培养的全面教学。新课程指出，课堂教学其教育效应主要不在于知识与技能的习得，而是灵魂的培育、人格的塑造及情感的优化。然而，在当前的课堂教学中，一些教师还是只注重课本知识的灌输和枯燥而单调的技巧训练，甚至脱离教学内容和特定情境，像讲解知识要点一样孤立地、人为地、机械生硬地进行情感、态度、价值观教育，使教育偏离了学生的生活实践和情感世界，大大丧失了对学习的兴趣。因此，在教学中教师应把握教学的情意性，把教学作为一个审美发现的过程，使学生能够主动参与到活动中来，与课堂教学融为一体，使课堂焕发生命活力，真正促进学生人格的全面和谐发展。这就要求教

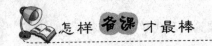

师在备课的过程中从以下几个方面进行衡量：

1. 解放学生

解放学生，不仅要解放学生的身体，更要解放学生的思想。教师应赋予学生更多的自由和权利，例如独立思考的空间、个性化的理解、表达个人想法的自由、质疑教师和教材观点的权利等，从而给学生的充分发展留有余地，使他们有话可说，有事可做，有疑可质，有新可创。赋予学生表达的权利，倾听学生的意见和想法，这是对学生人格最起码的尊重，也是培养学生完善人格的起点。一堂没有学生生命的课即使编排得再精彩，也只能是虚假的"走秀"。

2. 开放教材

开放教材，就是要通过具体的材料构建起与其他学科之间的联系，根据本地、本校、各班的实际情况对教材进行取舍、补充、重组、延伸，注重教材与社会生活和学习经验的联系和融合，鼓励学生对教材的质疑和超越。以往的教学，我们总是强调要学生理解教材，而现在我们应该转变自己的思想，作为教师我们要做的不单纯是帮助学生理解教材，更重要的是要让教材适应学生。一名优秀的教师不仅仅是能够将教材背得烂熟于心的教书匠，而是能够给学生所需、解学生所惑的领路人。最重要的是，教师不仅要领学生走上知识之路，更要领学生走上人格成长之路，这才是课堂境界的最高升华。

3. 开放过程

课堂教学是一个活动变化的过程，教学要以学生现有的发展水平、兴趣爱好为出发点，在实施过程中纳入直接经验，开放地接纳始料未及的即时体验，鼓励学生在课堂中的即兴创造，把握好课堂中的每一个瞬间，超越预设，精彩生成。让学生充分体验到自己在课堂教学中的主体地位，体验到师生人格上的平等。因此，在准备一堂课的时候，我们应该仔细地思考学生在课堂中到底处于一种什么样的境地，课堂教学是否体现了对学生人格的平等关注。

4. 开放时空

学生学习活动的空间不应局限于教室，而应拓宽到生活和社会的各个领域，让学生回归自然，到社会实践中去学习。教师在备课的时候要积极利用一切有益的资源，引导学生由单调地从书本上的学，转变为以书本为基础、联系生活、走进生活的学，使书本知识与鲜活的现实结合为一个充满生机的整体，使课堂教学的内容更加丰富多彩，使课堂的教学氛围充满生机与活力。

（二）接纳、肯定、赞赏，做学生的心灵导师

教师除了在备课的过程当中要权衡以上四点之外，在教育教学的过程中还应尽量做到关爱学生、理解学生、宽容学生，做学生学习的分享者、激励者与引导者。

1. 学会关爱

有这样一句话曾经震撼了许多教师的心灵："请把学生当人看。"每个孩子，都是有血有肉有感情的人，有着他们的喜怒哀乐，他们渴望得到别人的尊重，获得做人的快乐。学习不是学生的全部，而只是他们生活的一部分。他们不是为了分数而生存，而应该是学习为他们更好的生存服务。爱是教师力量的源泉，是教育成功的先决条件。爱学生首先要学会尊重学生。尊重学生的人格，尊重学生的兴趣爱好，尊重学生的情绪情感和个性特点，尊重学生的选择判断和个人意愿。一名不尊重学生人格的教师，他自己的人格必然会在学生的视线中失落。

人们常问，师爱的最高境界是什么？答曰：友情。当学生开始对你说悄悄话的时候，就意味着你的教育已经走向成功。在学生心目中，亦师亦友、民主平等是"好教师"的最重要特征。具有爱心和具有知识，对学生来说，他们更喜爱前者。关爱学生，必须弯下身来把自己放到学生中间，去感受他们的喜怒哀乐。一个关爱的眼神，一句信任的鼓励，都能赢得学生的爱戴和信赖；而当教师对学生随意品头论足，大声呵斥的时候，学生的内心也正在对教师做出相应的评判。

师爱的基础是平等，师爱要面向每一个学生。爱"好学生"是任何一个教师都容易做到的，难能可贵的是对"差生"的关爱。学生看起来最不值得爱的时候，恰恰是学生最需要爱的时候。如果你讨厌学生，那么你的教育可能还没

有开始，就已经结束了。教师应该摘下有色眼镜，睁大眼睛去寻找学生身上的闪光点，及时给予学生鼓励和肯定。一旦这片良苦用心为学生所理解和接受，那么就可能会产生巨大的力量，甚至创造出奇迹。

2. 学会理解

在《理解教育论》中有这样一句话：“理解学生，教在心灵。”理解学生不仅是决定教育成败的一个要素，而且也是教育实践对教师的理性要求。学会理解，才能学会关爱。理解不仅是认识手段，而且是人的存在方式。教师的言行，要考虑学生身心发展的一般规律，考虑学生成长的具体环境，考虑学生的想法和感受。要用孩子的眼睛去认识世界，看待世界，而不能把我们的认识和想法强加给孩子。

3. 学会宽容

在心理学中有这样一条法则，我们称其为“南风效应”，又名“温暖效应”，源于法国作家拉·封丹的一则寓言：有一天，北风和南风比威力，两个人谁也不服谁，于是他们打赌，看谁能把行人身上的大衣脱掉。于是北风开始猛烈地吹，转眼间寒风凛冽、冰冻刺骨，结果行人为了抵御北风的侵袭，把大衣裹得越来越紧。这时候，南风说还是看我的吧。于是微风徐徐吹动，顿时风和日丽，行人觉得春暖上身，于是便解开纽扣，继而脱掉大衣，最终在这轮较量中南风获得了胜利。故事中的南风之所以能达到目的，就是因为它顺应了人的内在需要。教育同样如此，如果我们对学生少一分惩罚，多一分宽容，教育的效果可能会事半功倍。

孔子云：“过也，人皆见之；更也，人皆仰之。”宽容是一种胸怀，更是一种豁达的人生态度，犹如一泓清泉可以化干戈为玉帛；宽容是一种涵养，更是一种善待他人的境界，犹如一股暖流蕴藏着殷切的期望和潜在的教育动力。英国科学家麦克劳德上小学的时候曾偷偷地杀死了校长家的狗，这在西方国家是难以原谅的错误。幸运的是，麦克劳德遇到了一位高明的校长，校长对他的惩罚是让他画出两张解剖图：狗的血液循环图和骨骼结构图。正是这个包含理解、宽容和善待心怀的"惩罚"，使小麦克劳德爱上了生物学，并最终因发现胰岛素在治疗糖尿病中的作用而走上了诺贝尔奖的领奖台。

学会宽容，首先要学会期待。每个人都有一个从幼稚走向成熟的过程，学会期待，就能最大限度地宽容、理解、善待学生，就永远不会对学生说"你真笨、你不行"；就能对学生少一份苛责、少一份失望、少一份冷漠，而多一份理解、多一份信任、多一份亲切。学会了期待，教师就能够用从容的心态对待自己的工作，不心浮气躁，不急于求成，就能够春风化雨、润物无声、坚韧不拔、持之以恒。

4. 学会给予

教育部组织编写的《素质教育观念学习提要》一书中讲得好：给孩子一些权利，让他自己去选择；给孩子一些机会，让他自己去体验；给孩子一些任务，让他自己去完成；给孩子一点困难，让他自己去解决；给孩子一个问题，让他自己找答案；给孩子一片空间，让他自己向前走。

5. 学会分享

分享是双向的沟通，是彼此的给予，是共同的拥有。分享，意味着教师给予学生更多的是展示，而不是灌输；是引领，而不是强制。学会分享，首先要求教师要学会倾听，能够走进儿童的世界，用儿童的眼光看待问题。学会分享，还要求教师学会反思，以防自我中心、好为人师。学会分享，更要求教师要懂得欣赏，因为一切美好的事物都是在欣赏的基础上创造出来的，都是在欣赏的过程中被感受和认知的。

6. 学会选择

社会的进步带给我们愈来愈多的选择契机，因而学会选择成了人们必备的素质和能力。作为引领学生进行积极选择的向导和顾问，教师首先要学会选择，只有这样才能让更多的孩子有所选择，才能让更多的孩子做出正确的选择并收获成功的喜悦，进而培养孩子健康的心态、健全的人格，最终走出自己的自信人生。

7. 学会激励

"罗森塔尔效应"是教育实践中应用较为广泛的一个效应，产生于美国心

理学家罗森塔尔的一次有名的实验：他和助手来到一所小学，声称要进行一个"未来发展趋势测验"，并煞有介事地以赞赏的口吻将一份"最有发展前途者"的名单交给了校长和相关教师，叮嘱他们务必要保密，以免影响实验的正确性。其实他撒了一个"权威性谎言"，因为名单上的学生根本就是随机挑选出来的。8个月后，奇迹出现了，凡是上了名单的学生，个个成绩都有较大进步，且各方面都很优秀。显然是罗森塔尔的"权威性谎言"发生了作用，因为这个谎言对教师产生了暗示，左右了教师对名单上学生的能力的评价；而教师又将自己的这一心理活动通过情绪、语言和行为传染给了学生，使他们强烈地感受到了来自教师的热爱和期望，变得更加自尊、自信和自强，从而在各方面都取得了异乎寻常的进步。

成功教育，收获的必是教育的成功。体验成功，是培植自信的最好方法，是形成追求新目标、新成绩的最重要动力。每一个学生都希望自己是成功者，都期待着收获肯定和赞誉。教师应珍惜学生心灵深处的这种渴望，积极创造机会，让学生取得"我能行"的成功体验。对孩子们来说，一个微笑、一份赞许、一种肯定都会激起他们强烈的情感，扬起他们希望的风帆。如果一个孩子生活在批评之中，他就学会了谴责；生活在讽刺之中，他就学会了害羞。但是如果一个孩子生活在鼓励之中，他就学会了自信；生活在赞美之中，他就学会了感激。

物理课上的小插曲

物理课上，李老师正在给同学们讲解电流测量实验。在讲解了电路的连接方式和电流表的使用方法后，李老师让同学们自己动手实验。某两个实验小组在测量过程中出现了一段小插曲：其中一组学生将电压表及小灯泡一起与电源连接，被教师阻止，理由是连接电源线应遵循"先串后并"的原则，应先串联电路，然后将电压表与电路并连；另外一组学生将电源线连接到电压表上量程最大的接线柱上，得不出实验数据，学生在老师提示后连接到量程较小的接线柱上，测得实验结果。小组实验在李老师的指导下继续进行着……

忽然一个同学喊道："老师，我们组的电流表不好用啊。"李老师走过去一看，气得火冒三丈："你是怎么接的电路，啊？这不是短路了吗？短路的后果你知道吗？会把实验仪器烧坏的！我都讲了八百遍了，怎么还能犯这么低级的错误呢？真是笨死了！"该同学低头不语……

问题：

1. 李老师的做法会给学生造成什么样的影响？

2. 如果您是李老师，您会怎么处理这件事情？

从这番警世之言中，您读到了什么？

一位从纳粹集中营中逃脱的幸存者，战后做了一所中学的校长。每当一位新老师来到学校，他都会交给那位老师一封信，信中这样写道："亲爱的老师，我是一名纳粹集中营中的幸存者，我亲眼看到了人类不应当见到的情境：毒气室由学有专长的工程师建造，儿童被学识渊博的医生毒死，幼儿被训练有素的护士杀害，妇女和婴儿被受到高中或大学教育的士兵枪杀。看到这一切，我疑惑了：教育究竟是为了什么？我的请求是：请你帮助学生成长为具有人性的人。你们的努力绝不应当被用于创造学识渊博的怪物、多才多艺的变态狂、受过高等教育的屠夫。只有在使我们的孩子具有人性的情况下，读写算的能力才有其价值……"

第二章　精通理论：现代学习论的教学观

第一节　行为主义学习论

 **情景再现**

王老师的妙招

王老师是一名小学班主任，她所带班级的学生有一个最大的特点就是过于活泼好动。学生们在王老师的课堂上还能够做到遵守纪律，可是一旦离开王老师，在其他教师的课堂上表现得可就没有那么乖了。因为学生们的课堂纪律不好，王老师经常接到其他任课教师的告状。对此，王老师确实有些头疼。

一直在寻求解决办法的王老师，在行为主义理论教学理论的启发下，决定作出新的尝试。王老师和任课教师沟通，让每节课的任课教师给学生的表现打分，该分数直接与学生的评奖评优相挂钩。果然，学生的表现比以前好多了。

但是，孩子们需要的是自觉，而不能总是依靠外界的力量去管制他们。为了培养学生的自觉性，王老师花费了许多心思。一天，王老师忽然想起《学习论》中提到过，强化安排的最优组合应该是：连续强化、固定间隔强化与变化比例强化的优化组合。于是王老师将打分制度进行了优化：在第一个星期王老师每天晚上放学前来到班级，将各个组的得分情况进行统计，然后评出最好组，额外再加两颗星，利用连续强化的办法持续一周；第二周，王老师又利用固定间隔的方法，两天评一次，额外加星；接下来再利用变化比例来进行评星。从效果上看，学生表现出对这种额外加星的强烈兴趣，平时在课堂上也越来越关注自己的行为表现，生怕影响小组的荣誉。看来，王老师这一招还真是收效不小呢。

案例点评：

王老师的教学实践经历充分地诠释了行为主义学习理论在日常教育教学当中的应用。在行为主义者看来，环境和条件，例如刺激和影响行为的强化是学习的两个重要因素。学习等同于行为的结果，为了让学习者获得有效的学习效果，就必须及时给予适当的"强化"。为了实现这种强化，最好的办法就是让学生知道自己的学习效果，使正确的学习行为得到肯定，错误的学习行为得到纠正。王老师正是运用了自己所学到的知识，利用"强化"手段，通过竞争与评比的方式，充分唤起了学生们的集体荣誉感，使学生逐渐养成了良好的学习习惯。通过王老师的案例，我们已经对行为主义学习理论有了初步的了解，那么，究竟什么是行为主义学习理论呢？下面我们就来详细地了解一下行为主义学习理论的基本观点。

理论解析

行为主义者认为，学习是刺激与反应之间的联结，他们的基本假设是：行为是学习者对环境刺激所做出的反应。他们把环境看成是刺激，把伴而随之的有机体行为看作是反应，认为所有行为都是习得的。行为主义学习理论应用在学校教育实践上，就是要求教师掌握塑造和矫正学生行为的方法，为学生创设一种环境，尽可能在最大程度上强化学生的正确行为，消除学生的不恰当行为。

（一）桑代克的学习理论

桑代克是学习理论的奠基人之一，他通过对动物的研究提出了学习的联结学说。桑代克最初研究学习问题是从各种动物实验开始的，其中最著名的就是"饿猫打开迷箱"的实验。桑代克在他所设置的迷箱内安置了某种开门设施：一圈金属绳、一个把柄或一个旋钮。当猫碰巧抓到这种开门设施的时候，门便会启开，猫得以逃出，并能吃到箱子附近放置的鱼。

桑代克认为，学习的实质在于形成刺激——反应联结（无需观念作媒介）；人和动物都遵循同样的学习规律；学习的过程是盲目的尝试与错误的渐进过程；学习要遵循三条重要的原则。

(1) 准备律：指学习者在学习开始时的预备定势。学习者有准备而又给予活动就会感到满意，有准备而不给予活动则感到烦恼，学习者无准备而强制给予活动同样也会感到烦恼。

(2) 练习律：指一个已经学会的反应不断地重复，将会增加刺激与反应之间的联结。也就是 S－R 联结获得练习和使用频率越多，就变得越来越强。反之，则会变得越来越弱。在桑代克后来的著作中，他修改了这一规律，因为他发现没有奖励的练习是无效的，联结只有通过有奖励的练习才能增强。

(3) 效果律：这个定律强调个体对反应结果的感受取决于个体学习的效果。即如果个体对某种情境所引起的反应形成可变联结之后，如果伴随着一种满足的状况，那么这种联结就会增强；反之，如果伴随的是一种使人感到厌烦的状况，那么这种联结就会减弱。桑代克在 20 世纪 30 年代进一步考察了这条定律，结果发现，感到满足比感到厌烦能使人产生更强的学习动机。因此，他修正了效果律，更强调奖赏的作用，而不主张惩罚。

（二）斯金纳的学习理论

作为新行为主义的代表，斯金纳更是将行为主义学习理论推向了高峰。他提出了操作性条件作用原理，并对强化原理进行了系统的研究，使强化理论得到了进一步的发展和完善，又在此基础上提出了教学机器与程序教学理论。

斯金纳把学习的历程分为两种类型：即应答型条件作用和操作型条件作用。经典行为主义研究的是前者，而斯金纳研究的重点是后者。操作性条件反射的形成依赖于有机体作出一定的动作反应；而经典性条件反射的形成依赖于有机体的无条件反射。同时，斯金纳对待意识不像古典行为主义那样避而不谈，而是承认意识的存在。但是斯金纳认为，意识不过是有机体皮肤之内所发生的私有事件，它不能作为行为的生理中介物，而是作为行为本身的一部分，因此可以把感觉和知觉都作为刺激的控制形式来加以分析。

1．怎样看待知识

知识是联结及部分技能的有组织的积累，是在基本的心理单元或各行为单元间形成的各种有组织的连接。这些单元是一些刺激与反应的联结，强调某人所知道的东西往往是这个人所具有的经验的反应。

2．如何理解学习活动

学习是联结的获得和使用，学习的过程也就是形成联结、增强联结、调整联结的过程。有效的学习需要有明确的准备，即学习的行为需要"塑造"。知识迁移的条件是事先获得学习新知识所需的联系、刺激与反应之间的相似性以及在最初习得的程序与迁移情境中要学的程序之间，到底有多少或有哪些共同的条件行动的产生式规则。

3．怎样看待教师和学习者

教师是教学过程的设计者、组织者和训练者，而学习者则是在教师创设的环境中被动地接受知识。他们对知识的掌握有赖于能否反复练习和得到及时的反馈。因此，行为主义者认为，学习者是可以由教师任意塑造的，是知识的接受者和被领导者。华生曾说过："给我一打健康的婴儿，我可以按照自己的愿望培养，我保证把他们培养成我选择的任何特定的类型——医生、律师、艺术家、商人、领袖，甚至乞丐和小偷，而不管他的天分、爱好、倾向、才能和他父母的职业和种族如何。"

4．如何理解教学

斯金纳认为"教学就是安排可能发生强化的事件以促进学习"。给学生创设能为要学习的刺激作出反应的机会，教学要在学生作出反应之后有随之而来的反馈。

（1）教学目标：教学目标是教师提供给学生的特定刺激，以便引起学生特定的反应，斯金纳认为教学目标越具体、越精确越好。

（2）教学过程：斯金纳认为，学生的行为是受自身行为结果的影响的，要学生作出合乎需要的行为反应，必须形成某种相倚关系，即在行为之后有一种强化性的后果。倘若一种行为得不到强化，它就会消失。据此，相倚组织教学对学习环境的设置、课程材料的设计和学生行为的管理作出了系统的安排。他所关注的是"怎样教"，而不是"教什么"。事实上，斯金纳所侧重的是教学的行为，并且主张要以一种可观察、可测量的形式来具体说明课程内容和教学过程。

（3）教学方法：学习过程的有效进行有三个条件：第一，小步骤呈现学习材料；第二，对学习者所作的任何反应立即予以反馈；第三，学习者自定步调学习。斯金纳认为传统的讲授法违背了上述三个条件，他主张进行程序教学。

程序教学的设计需要按照教材内部的逻辑程序，既要保证学生在学习过程中产生的错误率减少到最低限度，同时又要合理地设计教材，使每个问题（即每一个小步）都能体现教材的逻辑价值。整个系统由浅入深、由简到繁。斯金纳的程序教学有以下五条基本原则：

①小步子原则：即把学习内容按其内在逻辑关系分割成许多细小的单元，分割后的小单元再按照一定的逻辑关系排列起来，形成程序化教材或课件。学生的学习由浅入深、由易到难、循序渐进地进行，这种学习方式称为小步子学习原则。小步子学习原则要求对学习内容分割适当，对单元划分的大小要由具体的教学内容和教学任务来确定。（不是步子分割得越小越好，否则容易使学生厌倦，也不利于学生从整体上认识事物）

②积极反应原则：斯金纳认为，传统的教学过程主要是教师传授知识、学生被动接受知识的过程，学生很少有机会对教师提出的每个问题都作出反应。要改变这种消极的学习方式，就要使每一单元的学习内容都能让学生作出积极反应。使学生通过选择、填空和输入答案等方式作出反应，以保持积极的学习动机。

③及时强化原则：当学生作出反应后，必须使他们知道其反应是否正确。要求对学生的反应给予"及时强化"或"及时确认"，特别要注意对学生所作

出的正确反应给予及时强化，以提高其操作能力。

④自定步调原则：在传统教学中学习的进度是一致的，这极大地限制了学生的自由发展。而为了让每个学生都能获得自由发展，必须由他们根据自己的特点自定学习进度和速度。学生在以适宜速度进行学习的同时，通过不停的强化得到进一步学习的内动力。

⑤低错误率原则：在教学中应由浅入深，由已知到未知，使学生每次都尽可能作出正确反应，将学习的错误率降到最低限度，提高学习效率。

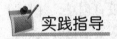 **实践指导**

别开生面的手工课

《制作纸风车》是一节操作型技能训练课。在准备这堂课的时候，从教十余年的周老师认为，采用原有教学方法很不利于发挥学生的主体作用，也不利于培养学生的能力，课堂教学效率也不高。于是，周老师决定大胆尝试，让学生自己动手动脑独立探索，让他们在探索中培养劳动技能，受到劳动教育。

上课铃声响过，周老师一如既往地走进教室，一堂充满生气的技能课就此展开。

第一步：演示风车。为了激发同学们的制作兴趣，周老师像变魔术一样从口袋里拿出一只漂亮的纸风车给学生进行演示。周老师一边演示，还一边讲解各种风车的来历，一下子就把学生想要亲手玩一玩的欲望煽动起来了。接着周老师给每名同学发放一架纸风车，让同学们比一比，看谁的风车转得快。在无拘无束的玩耍中，学生的制作欲望油然而生，跃跃欲试的兴趣越来越浓。

第二步：观察风车。要想完成风车制作，首先要弄清楚制作风车的材料与方法。正当学生迫切希望亲手制作风车的时候，周老师顺势组织学生对风车模型进行观察和研究，为学生亲手制作风车奠定了良好的基础。

第三步：模仿制作。在观察研究的基础上，同学们对风车的制作已经有了一定的认识。在周老师的引导下，同学们开始自己着手制作风车。

第四步：独立创作。在学生自己探索出了风车的制作方法并有了初步的制作经验后，周老师鼓励学生抛开模型，独立进行实践与创新。周老师给同学们演示了几种不同的风车，拓宽了学生的视野，激发了他们的创造热情。在周老师的带领下，学生们开始尝试自己的创意。最终，每名同学都通过自己的努力设计了一款与众不同的风车。

案例点评：

以往的手工技能课往往是由教师先演示，后讲授制作方法，然后再让学生自己进行练习。这样的教学方式不仅过于呆板，令学生感到没有创意，并且制作出来的手工作品也缺乏新意。拥有十余年教龄的周老师在这方面显然略胜一筹。他看到了传统教育理念指导下的动作技能学习的弊端，于是在自己的课堂上大胆创新，取得了意想不到的效果。周老师将现代行为主义的学习理论渗透到教学设计当中，这就是行为主义学习理论与现代教学设计的有机融合，使行为主义在发展具有程序性知识特点的某些技能和策略方面取得了明显的效果。

（一）行为主义教学设计的实质与功能

1. 行为主义教学设计的实质

传统的行为主义者将人的外显行为作为主要研究对象，认为人的学习过程与其内部心理过程无关，只要能够控制外部刺激，就能控制和预测学习效果。行为主义者强调学习过程中的强化，认为行为之所以发生变化，是由于强化所发挥的作用。近些年来，行为主义受到认知理论关于有机体和环境相互作用的启示，突破了原有的模式，将多种认知加工纳入到他们的理论框架之中，拓宽了原有的研究视域，不仅关注外部条件对行为反应的影响，而且增加了有关外部条件之间的相互作用对行为影响的探讨。

2. 行为主义教学设计的功能

结合知识的分类，我们认为行为主义教学设计对于程序性知识的学习较为适用。这种教学模式对那些仅需要简单认知加工的任务（如记忆单词、数学公式等），具有积极意义，并且对于某些既定领域的一些习惯性的技能和动作、有效的刺激与反应、连续的反馈等等，行为主义教学模式会大大提高这类知识的学习效率。另外，对于客观事实的介绍，比如概念的形成、事实的获取等，采用行为主义方法是比较适合的。

（二）行为主义教学设计的方法

了解了行为主义学习理论的基本内容与实质，那么，应该如何在行为主义学习理论的指导下进行我们的教学设计呢？

1. 教学准备设计（准备律）

桑代克在其研究中提出了学习的准备律，即学习者在学习开始时的预备定势。这就要求教师在利用行为主义学习理论进行教学设计前首先要做好准备工作，即对教学所期望的学习目标进行分析，筛选出适合采用行为主义训练方法的程序性知识和仅需简单认知加工的识记性任务，利用学生的外显行为表现对所要达到的学习目标加以描述。在制定了合理的行为主义教学模式的教学目标之后，需要对即将学习的内容和学习者特征做出分析。在这一环节中，教师不仅要考虑到所学知识的结构特点，而且还要根据学生的行为表现对学生原有的知识水平加以分析。另外，还要对学生原有的行为定式与新行为模式之间的关系加以关注，预测学生在新行为模式的学习过程中可能出现的各种行为反应。这一分析结果将为后面的刺激与反馈强化设计提供必要的参考依据。

2. 教学程序设计（练习律）

依据教学准备所掌握的资料，我们可以设计一个从初始知识技能行为到终结目标行为的教学程序链。这一程序既要体现目标学习成果本身的特点，又要考虑到学生原有的知识基础，在前期准备的基础上对教学环节进行必要的补充。按照行为主义教学设计的原则，具体的教学活动内容包括以下几方面：

（1）设计引起学习活动内驱力的情境刺激，使学生感受到新的学习任务与自身发展的关系，明确问题所在，并且形成对学习成果将给自己带来什么益处的预期。

（2）设计外在行为模式的示范，对学习程序中每一学习环节所要达到的目标，利用外显的行为表现加以描述，并提供相应的示范。

（3）设计获取学生反应行为的信息，以及提供反馈和强化的方法与手段。在学生学习的自我监控阶段，还需要为学生设计一种将外部行为模式转化为内在行为品质的方法与手段。

（4）设计促使学生的行为反应趋于精确和熟练化的问题刺激。这些问题刺激同时也是评价学生达标程度的参考标准。

3. 教学评价设计（效果律）

教学评价设计为我们提供了对于教学设计的实施效果的评价，即一个良好的行为主义教学设计应符合哪些要求。具体说来，在对教学设计进行评价时可以从如下三方面进行考虑：

（1）评价问题情境的设计能否使学生感受到新的学习内容与他们原有知识水平之间的关系，能否使学生明确理解学习的目标，从而激发学生的学习兴趣，形成投入学习的内驱力。

（2）评价教学程序链中提供的行为模式是否清晰准确，程序安排是否符合知识技能等形成的规律，是否与学生的实际能力相适应。

（3）评价所设计的"分化"、"概括"等刺激是否考虑到学生原有行为定势与新内容之间的关系。教学所设计的反馈和强化是否及时，是否能够被学生所理解和接受。

在完成教学设计之后，我们还应考虑到一个问题，那就是对学生学习效果的强化。强化理论认为，大多数行为是由于强化的作用而持续发生的，因此对于教师而言，积极应用正强化手段可以有效地鼓励和逐步巩固学生良好的课堂行为。因为良好行为一旦得到认可和赞扬，那么，学生就会为了得到更多的认可和赞扬而将好的行为保持下去。行为的重复发生，就会使其逐渐巩固，渐渐养成习惯。在对学生进行正强化时应根据学生的实际情况采用不同的强化方式。

第一，设立成绩优异奖。在班级中有很多成绩优异的学生，这样的学生应该得到老师的认可和赞赏，使其积极努力的学习行为得到强化。成绩优秀奖的设立，就是对他们的一种鼓励和肯定。同时，对其他同学而言，这些成绩优异的同学也是他们学习和效仿的榜样，对其他同学也起到一定的带动作用。

第二，设立学习进步奖。在整个班级中，不能只有成绩优异的学生得到赞赏，只要是积极努力的行为都应该得到肯定，这样学生的良好行为才会得到保持。正如斯金纳所说的"教育就是塑造行为"。所谓塑造，就是通过小步反馈帮助学生达到目标。而学习进步奖就是通过小步反馈来帮助那些成绩落后的学生提高学习积极性的一种有效方法。

学以致用

如何拯救这个迷途中的孩子

乐乐是一名初中二年级的学生。很小的时候，父母就离异，法院将其判给父亲。由于父亲工作繁忙，乐乐大多数时间都是和爷爷奶奶生活在一起的。爷爷奶奶总觉得孩子命苦，唯恐亏待了乐乐，于是给予他更多的是溺爱和袒护，还一味地在物质上满足乐乐的各种要求。加之父亲很少回家，更没时间管教乐乐，每次犯错之后，父亲都会不问缘由地狠狠揍他一顿。

升入初中后，乐乐经常和同学打架，欺负同学。因此，同学们都不喜欢他，不愿意和他交朋友，甚至看见他都绕着走。上课的时候，他要么在座位上喋喋不休地讲话或发出各种奇怪的声音，要么就随意离座走动，经常扰乱课堂纪律。作业也经常不做，即使偶尔做一次，也是字迹凌乱。乐乐不仅学习态度极差，甚至连参加军训也极其不认真，常常达不到教官的要求。所有的任课教师和军训教官都认为：这孩子已经无药可救了，留着这样的孩子在班级里简直就是害群之马。

问题：

1. 如果在你的班级中出现了这样一名学生，你会如何处理？

2. 尝试采用行为主义的方法帮助乐乐纠正其不良行为。

第二节　认知主义学习论

怎样数鱼才更快

数学课上，马老师向学生展示教具皮球盒，盒内有 10 个空格，装了 9 个花皮球。马老师又拿出 2 个花皮球，问学生一共有多少个皮球，应该怎样列式。为了引入本节课的教学内容——凑十法，马老师又问：从盒子外拿多少个皮球放入盒内算得比较快？

这时一个棘手的问题产生了，有的同学说不要再拿皮球放进盒里，只要口算就知道是 11 个；有的同学虽说出放进盒里 1 个，但是当马老师追问为什么的时候，学生竟然反问老师："盒子不是只剩下一个空格子了吗？那也只能放 1 个呀。"

更有趣的是，其他班级的另外两位数学老师在讲授同一部分的时候，也遇到了同样的问题。于是马老师和教研组的另外两位老师凑在一起，开始结合认知学习理论对他们的教学设计进行反思。最后他们一致认为，是自己在教学设计中忽略了学生的认知结构所导致的问题。在教学中要重视学生原有的旧知识与新知识之间的连接，要在旧知识与新知识之间设置"原型"，将其作为中介物，从而优化学生的认知结构。

经过一番讨论得出结论之后，马老师在讲授新知识之前，增加了一道"圈10"的练习题作为过渡。

马老师在纸板左边贴了 8 条小鱼，右边贴了 5 条小鱼，老师先与学生一起一条一条地数，一共 13 条小鱼。然后马老师对学生说："这样数虽然也可以，但是比较麻烦，下面老师教你们一种算得快的方法，好不好？"接着马老师问道："大家数一数，在我的左边有几条小鱼？"

"8 条。"学生回答。

"那么，我们从右边移动多少条小鱼到左边，左边的小鱼就可以凑成 10 条了呢？"

"2 条。"学生回答。

移动完 2 条小鱼后，马老师立刻用毛线把左边的 10 条小鱼圈上，然后接着问："现在右边还剩下几条小鱼？"

"3 条。"学生回答。

"现在左边有 10 条，右边有 3 条，一共是多少条小鱼？"

"13 条。"学生回答。

"这样算快不快？"

"快……"

案例点评：

对于一年级学生来说理解抽象的知识是比较费力的，那么如果我们在学生原有知识的基础上，在新旧知识之间引入一个形象的、好理解的"原型"，这样学生掌握新知识就会变得比较容易。案例中的几位数学教师很熟悉认知学习理论，在课堂上发现问题以后，及时结合原有的理论知识进行教学反思，最终使问题得以解决。这个案例提醒我们，教学设计要以学生原有认知结构为基础，符合学生认知发展的阶段性特点，新知识要和学生的已有知识产生一定联系，才能为学生顺利接受。人的学习过程不是从平地建房子，而是在一个地基上建房子。"你如何建好新房子，取决于你的建房方式如何适应最开始的地基。"这句话很好地体现了认知主义的学习观点。那么认知主义学习理论具体都有哪些内容呢？下面我们就一起来学习一下。

理论解析

从 20 世纪 50 年代中期之后，在布鲁纳、奥苏伯尔等一批认知心理学家的努力下，学习理论的研究自桑代克之后又进入了一段辉煌时期。认知主义者认

为，学习就是面对当前的问题情境，在内心经过积极的组织，从而形成和发展认知结构的过程。该理论强调刺激与反应之间的联系是以意识为中介的，注重认知过程的重要性。

1.克勒的顿悟学说

学习的认知理论起源于德国格式塔心理学派的完形理论。格式塔心理学的创始人是德国心理学家魏特墨、科夫卡和克勒。克勒历时7年，以黑猩猩为对象进行了18项实验，依据实验结果，撰写了《猩猩的智慧》一文。克勒进一步完善了格式塔理论，并提出了顿悟说。顿悟说认为：

第一，学习是组织、构造一种完形，而不是刺激与反应的简单联结。

第二，学习是一种顿悟，而不是通过尝试错误来实现的。顿悟说强调的是刺激与反应之间的组织作用，这种组织表现为知觉经验中原有的组织结构（格式塔）的豁然改组或新结构的顿悟。

2.托尔曼的认知——目的论

托尔曼对S—R联结说的解释不满，他认为学习的结果不是S与R的直接联结，主张把S—R公式改写为S—O—R公式。在后一公式中，"O"代表有机体的内部变化。托尔曼的学习理论主张:第一，一切学习都是有目的的活动。第二，为达到学习目的，必须对学习条件进行认知。托尔曼用"符号"来代表有机体对环境的认知，认为学习者在达到目的的过程中，学习的是能达到目的的符号及其符号所代表的意义，也就是形成一定的"认知地图"，这才是学习的实质。托尔曼的学习目的理论和学习认知概念，直接来自于格式塔学派的完形学说，吸取了完形学派思想中的某些积极成果，认为行为表现为整体的行为，这种有目的的整体性行为是学习认知的结果。托尔曼将试误说与目的认知论相结合，认为在刺激和反应之间有目的与认知等中介变量，研究学习，不但要研究行为的外部表现，还要探讨大脑的内部活动。关于学习出现的原因，托尔曼认为外在的强化并不是学习产生的必要因素,不强化同样也会出现学习的行为。

3. 皮亚杰的认知结构理论

认知结构理论的代表人物是瑞士心理学家皮亚杰和美国心理学家布鲁纳。他们认为认知结构就是学习者头脑里的知识结构，它是学习者全部观念或某一知识领域内的观念的内容和组织。他们认为，学习使新材料、新经验和旧材料、旧经验结为一体，形成一个内部的知识结构，即认知结构。皮亚杰指出，这个结构是以图式、同化、顺应和平衡的形式表现出来的。布鲁纳认为，学习不在于被动地形成反应，而在于主动地形成认知结构。学习由一系列过程组成，教学应重视对学生学习行为的研究，认知结构理论重视教材的知识结构，并对认知结构及其与课堂教学的关系进行了系统的阐述。

4. 加涅的信息加工学习理论

加涅被公认为是将行为主义学习论与认知主义学习论相结合的代表。加涅认为，学习是学习者神经系统中发生的各种过程的复合。学习不是刺激——反应间的一种简单联结，因为刺激是由人的中枢神经系统以一些完全不同的方式来加工的，了解学习也就在于指出这些不同的加工过程是如何起作用的。在加涅的信息加工学习论中，学习的发生同样可以表现为刺激与反应。刺激是作用于学习者感官的事件，而反应则是由感觉输入及其后继的各种转换而引发的行动，反应可以通过操作水平变化的方式加以描述。刺激与反应之间，存在着"学习者"、"记忆"等学习的基本要素。学习者是一个活生生的人，他们拥有感官，通过感官接受刺激；他们拥有大脑，通过大脑以各种复杂的方式转换来自感官的信息；他们有肌肉，通过肌肉动作显示已学到的内容。学习者不断接受到各种刺激，进行各种不同形式的神经活动。其中有些被贮存在记忆中，在作出各种反应时，这些记忆中的内容也可以直接转换成外显的行动。

加涅将认知学习理论应用于教学过程的研究，提出了"九段教学"策略。加涅认为，教学活动是一种旨在影响学习者内部心理过程的外部刺激，因此教学程序应当与学习活动中学习者的内部心理过程相吻合。根据这种观点他把学习活动中学习者内部的心理活动分解为九个阶段：

引起注意→告知学习目标→刺激回忆→呈现刺激材料→根据学习者特征提供学习指导→诱导反应→提供反馈→评定学生成绩→促进知识保持与迁移，相应地教学程序也应包含九个步骤：

（1）引起注意：从长时记忆中提取知觉、注意的内容和以特殊的方式加工信息至短时记忆。

（2）阐述教学目标：形成学习动机和选择性注意。

（3）刺激回忆：提取长时记忆中与当前所学内容有关的信息至短时记忆。

（4）呈现刺激材料：突出选择性信息的特征及作用，使学习者易于获取感觉信息并形成选择性知觉。

（5）提供学习指导：使学习者能较快地建构新信息的意义（促进语义编码过程），即形成概念。

（6）诱发学习行为：检验学习者对意义的建构是否成功。

（7）提供反馈：如果建构不成功，则给予矫正反馈，使学习者重新去建构该信息的意义；如果建构成功，则给予鼓励反馈。

（8）评价表现：通过成绩评定，对成功的意义建构加以强化。

（9）促进记忆与迁移：帮助学习者把新建构的意义（新概念、新知识）进行归类、重组，以促进知识的保持与迁移。

5. 奥苏伯尔有意义接受学习理论

美国心理学家奥苏伯尔认为，影响学习的最重要因素是学生已知的内容。学生只有进行有意义的学习才会有价值。意义学习有两个先决条件：第一，学生要表现出一种意义学习的心向，即表现出一种在新学内容与自己已有的知识之间建立联系的倾向。第二，学习内容对学生具有潜在意义，即能够与学生已有的知识结构联系起来。只有当学生把教学内容与自己认知结构联系起来时，意义学习才能发生。因此，在课堂教学中，影响意义接受学习的主要因素是学生的认知结构。奥苏伯尔将有意义学习分为"由简到繁"的五类：

（1）表征性学习。表征性学习就是学习单个符号或一组符号所表示的意义，譬如，英文单词"home"，圆周率"π"，函数符号"y=f(x)"等。

（2）概念学习。概念是一类事物的共同"本质"属性，而概念学习就是要掌握概念所反映的一类事物的共同"本质"属性。譬如，学习"平行四边形"这一概念，就是要能够理解平行四边形是"在同一平面内有两组对边分别平行的四边形"这一共同的"本质"属性。

（3）命题学习。就逻辑学而言，命题是表达判断（即有真假）的语句，而在心理学中，命题则表示由语词组合而成的意义的最小单位，它由两个部分构成：两个以上的论题和论题之间的关系。命题可以分为两类：概括性命题（譬如，"正方形的四条边都相等"）与非概括性命题（譬如，"6 是偶数"）。前者往往揭示几个概念之间的关系，表示某种规律、定理、规则或原理等，而后者则仅仅表示一个事实。因此，命题学习就包括事实学习和规律、定理或原理的学习，后者要求掌握概念之间的关系，是有意义学习的核心部分。

（4）概念和命题的运用。前三类学习是有意义学习的基本类型，在此基础上的是概念和概括性命题在简单情景中的运用。譬如，在已经掌握长方形的面积、长方形的边长等概念的基础上，我们就可以运用"S=a×b"来求长方形的面积。

（5）问题解决与创造。解决问题是概念和命题在复杂情景中的运用，而创造则是解决问题的最高形式。当学习者所遭遇到的"新"情景越复杂、"新"情景与原有学习情景越不相似的，解决问题的难度就越大，所需要的创造性就越高。解决问题涉及问题条件命题、问题目标命题、问题背景命题、推理规则和解决策略等。

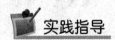

实践指导

教你合并同类项

小夏老师是刚刚接手初中数学教学的新教师，虽然教学经验略显不足，但是对于传统、晦涩的初中数学却有着一些颇为独到的见解。在谈到"合并同类项"一课的教授时，小夏老师认为"合并同类项"这一知识点是整式部分的核心，因为它是本章重点"整式加减"的基础。这样一个抽象的"老"知识，如何设计成适合学生参与、讨论，满足学生知识、能力、情感等方面需求的课堂呢？小夏老师是这样设计的：

1. 认识"同类项"

小夏老师首先设计了一个学生非常熟悉的生活场景：书桌上堆满了凌乱的文具，有书、本、纸、笔……小夏老师问学生应该如何整理。学生回答说："将文具放入文具盒里，书整理成一摞，本放在一起，分别摆放整齐。"接着小夏老师又引导学生意识到"归类"的重要作用，即它不仅可以使生活有条理，更可以在数学运算中达到化简的目的。

接下来，小夏老师又让学生运用归类的思想进行速算竞赛：求代数式 $b=4a+6-3a+5a$ 和 $c=4a2b+a-3a2b-2a2+b$ 的值。有了第一步中总结出的生活经验，很多学生都联想到把代数式中的 $4a$、$-3a$、$5a$ 及 $4a2b$ 和 $-3a2b$、a 和 $-2a2$ 先结合化简再计算。为了巩固学生的探究成果，小夏老师又安排了两个游戏：一个是同类项速配，另一个是"找朋友"。

2. 学会"合并同类项"的方法

正当学生沉浸于游戏的欢乐和喜悦时，小夏老师又提出了本节的第二个知识点：合并同类项。玩兴正浓的学生显然觉得这个问题很突兀，于是小夏老师布置了一个非常简单的问题：$5x+3x$ 等于多少？学生齐声回答："$8x$。"小夏老师又问："怎么做的？"学生答："根据乘法分配律：$5x+3x=(5+3)x=8x$。"

接连做了几组这样的题目后，小夏老师引导学生从单项式的构成考虑，帮助学生总结法则。最终在小夏老师和学生的共同努力下，总结出"系数相加，结果作为系数，字母及指数不变"的法则。

在课后的自我评价"你学到了什么"一栏中，学生除了填写知识点外，还填写了诸如"集体的智慧大于个人的智慧"、"合并同类项的方法可以运用在实际生活中，如垃圾分类处理、办公室格式化等"，这些收获都是小夏老师事先所没有预料到的。

案例点评：

小夏老师虽然是一名刚刚步入教育实践领域不久的新教师，但是她拥有崭新的教育教学观念，能够将自己扎实的理论基础和浓厚的教学兴趣融合在一起，开发出一套有特色的教学应用系统，将一节传统、枯燥的初中数学课上得有声有色。仔细观察不难发现，小夏老师这堂成功的"合并同类项"课程将认知主义教学理念完好地融入其中，体现出了学生原有认知图式与教学环境相互作用，通过同化、顺应的利用，使其形成内部的认知结构等认知主义教学设计模式的典型特色。在小夏老师的启发下，我们也来探索一下在教学实践当中，如何将认知主义的学习理论与教学设计相融合吧。

（一）认知主义教学设计的实质与功能

1. 认知主义教学设计的实质

认知主义认为智慧性知识的获得是在某种认知倾向的指引下提取相应的认知图式与环境相互作用的结果，通过同化或顺应形成的，其认知结果是内部认知结构的建构。通过多年的理论与实践相结合的磨合与积累，在当前的认知主义教学设计中，形成了一种以加涅的"学习条件论"为代表的设计思想。即首先提出一种有关学习的分类理论，描述各类学习能力的内部心理因素和信息加工活动规律，然后提出各类学习能力形成的内部条件（学习原理），据此再提出促进内部条件形成的外部条件（教学原理），最终将这些学习原理、教学原理应用于教学设计的分析决策中。

2. 认知主义教学设计的功能

认知主义教学设计所形成的教学系统是有结构的，即学习任务主要是针对人类历史的认识结果的传承；并且学生的认知活动不是完全自主的，而是在教师设计的认识框架中进行的。因此，认知主义教学设计系统的主要功能是保证学生在相对较短的时间内，有效地掌握基础知识和基本技能，同时发展学生主动获取知识的认知能力。与此相应，认知主义教学设计主要应用于学习成果类型的教学中。

学习成果类型的教学包括：一、语义知识的有意义学习，即教学设计应贯彻动机原则，通过设置问题情境引起学生学习动机，并通过分析新旧知识的同化关系，应用启发式教学模式。二、学习策略的学习，即教师通过对某类学习活动进行信息加工过程的分析，开发出具有概括性和可迁移性的学习策略，并将这些策略体现在学习的过程和方法中。三、学科知识技能的复杂应用，力求在解决复杂学科问题时克服盲目的题海训练，加强形成专家图式过程的科学性。

（二）认知主义教学设计的方法

依据认知主义对学习和教学的看法，我们可以将教学设计按照如下模式进行：

1. 教学准备设计

首先，教师可以针对某一教学内容（一节课的内容或一个单元的内容），分析新课程标准的要求与学生现状的差距，明确教学任务。

其次，教师可以从教育者的角度，揭示从教学的初始状态到目标状态之间的学习内容呈现什么规律（先学什么，后学什么）、在这一内容呈现序列中信息加工的性质和规律以及在由以上两方面内容构成的认识活动中的态度情感内容。

第三，分析在没有教学干预的情况下学生原有的学习结构以及对照理想的学习结构应对学习者提出哪些要求。需要分析的内容主要包括：学生初始知识技能、学生原有认知图式和学生原有态度情感。

第四，设定教学所要实现的目标，即如何通过教学活动消除理想的学习结构与学生原有的学习结构间的差距。

2. 教学过程设计

依据认知主义学习理论的教学过程设计可以由以下设计步骤来完成：

（1）教学环节的划分，即将教学任务分解成各个子任务。

（2）依据新旧知识同化关系的分析结果，选择应用相应的教学模式。值得注意的是，在实际设计中，往往是多种教学模式的综合应用：在某些教学环节用奥苏伯尔的模式，而在另一些教学环节则可能采用皮亚杰模式或布鲁纳的模式。

（3）根据教学准备分析中对学生学习能力的分析结果，选择应用相应的教学策略。

3. 教学评价设计

如何评价我们的教学设计是否合理、有效呢？当设计完成后，可以从以下几个方面评价教学设计的工作：

（1）检查在教学准备设计过程中对课程标准的要求和学生现有状态的描述、概括是否准确；在对课程内容的准备分析中是否进行了学科知识内容的结构分析、新旧知识同化关系的分析以及这些分析所获取的资料在设计课程实施策略时是否得到有效应用。

（2）检查教学目标的制定是否充分应用了前面所分析的资料；是否用比较具体的可观察的行为语言描述了三个方面的教学目标（知识技能、学习能力和态度情感）。

（3）检查教学过程设计中教学环节的设计是否合理；教学过程的设计是否依据了同化关系的分析资料，应用了相应的教学模式。

运用认知主义学习理论进行教学设计应注意以下几个问题：

第一，重视学习活动中学生的准备状态。学习的效果不仅取决于外部刺激和个体的主观努力，还取决于一个人已有的知识水平、认知结构、非认知因素等。教师要配合学生的经验，适当组织教材。教材的难度与逻辑上的先后顺序必须针对学生的心智发展水平及认知表征方式做适当的安排，以使学生的知识经验能前后衔接，从而产生正向学习迁移。

第二，先行组织者策略的运用。学习新知识前，提供一个材料，这个材料是以学生既有的先备知识为基础，并能与新知识发生联结，能够突出新知识的具体架构，为学习新知识做准备。

第三，注意将分化后的知识前后联接起来，形成一个有组织的贯通的知识体系，以便学生能够融会贯通。引导学习者以划分层次或列图表方式寻找发现内在的时间、空间、人物或其他方面的发展线索。认知学习理论还强调以整体的方式呈现教学材料，以培养学生的宏观观察能力和分析能力。

第四，诱导学习者自己发现并归纳规律，培养他们微观上的细微发现能力。

第五，注重对学生的启迪，不要束缚学生的思维和手脚，要用暗示和启发的方法去引导学生展开想象的翅膀，发展他们的想象力。

学以致用

预料之外的反响

《凡卡》是一篇文质优美、感情真挚的文章，相信每个人读了都会为之动容，替弱小无依的凡卡未来的命运担忧。课上，当讲到文章结尾处凡卡那甜蜜的希望仅仅是一场梦而已时，学生都不由得黯然神伤，陷入深深的思索之中……

短暂的沉默之后佟老师本想借此机会进入下一个教学环节——以《我和凡卡比童年》为题写一篇类似读后感之类的文章，没想到陆清同学忽然站了起来："老师，不是有《未成年人保护法》吗？老板怎么可以如此体罚只有九岁的凡卡呢？他应该去法院告这个老板！""对，对！"讲台下很多学生都为这一"发现"而兴奋不已地附和道，"把这个没人性的老板告到法庭上去，让他出出丑！"

佟老师暗自感叹：看来他们还没有真正理解教材！因而出现了这样的认识偏差……

问题：

1. 帮助该教师找一找教学失败的原因是什么？

2. 如果你是这位教师，接下来你会怎么做呢？

第三节　人本主义学习论

情景再现

七根火柴

在讲解王愿坚的《七根火柴》这一课时，为了加强学生对无名战士当时心情的体验，王老师要求学生用恰当的语气朗读关于写无名战士数火柴情境的语段，并解释读法依据。同学们非常积极地参与：

甲："无名战士身体虚弱，但眼睛放出异样的光彩，挤出浑身力气，充满激情地数着火柴。"该同学朗读时声音低缓清晰，那一个个数字好似声声重锤敲打在听者的心鼓上。

乙："我基本上同意甲同学的理解，但这几个数字的读法应有所变化，而不是一味地低缓，我想无名战士说'一'时抑制不住激动的心情，读时语气稍强，露出喜悦；读'二'时伤口隐隐作痛，语调应稍低微；而读'三'时伤口可能发作得厉害，但他强忍着伤痛，声音从牙缝里挤出……"

王老师感到非常高兴，她觉得对于乙同学来说，无名战士已经融进了他的心里，正是在情感的催化下，他才在此时此刻与课文产生共鸣，并转化为一种带有体验性的描述。

王老师也更加认识到，在阅读教学中要让学生自己得其"滋味"就必须借助情感催化学生对课文的体味，加强学生与教师之间的情感交流。如果没有学生自己与课文、与教师的交流，就不可能有学生对语文课程内容的深刻认识，更谈不上学生的情感、态度、价值观的发展。

（节选自互联网）

案例点评：

在上例中，我们会发现，如果学生没有与课文中的人物发生情感的交流与碰撞，产生"移情性理解"，他们是不可能有如此生动感人的描述的。人本主义强调要重视学习者的意愿、情感、需要和价值观等因素，认为学习需要整个人都投入其中，也就是认知和情感两方面都要投入到学习活动中。教师和学生之间、学生和学习材料之间都要有充分的情感交流。下面我们就来具体解读一下人本主义关于学习理论的观点。

理论解析

人本主义学习理论是建立在人本主义心理学的基础之上的。对人本主义学习理论产生深远影响的有两位著名的心理学家，分别是美国心理学家马斯洛和罗杰斯。

1. 知情统一的教学目标观

由于人本主义心理学家认为人的潜能是自我实现的，而不是教育的作用使然，因此在环境与教育的作用问题上，他们认为虽然"弱的本能需要一个慈善的文化来孕育他们，使他们出现，以便表现或满足自己"，但是归根到底，"文化、环境、教育只是阳光、食物和水，但不是种子"，自我潜能才是人性的种子。他们认为，教育的作用只在于提供一个安全、自由、充满人情味的心理环境，使人类固有的优异潜能自动地得以实现。在这一思想指导下，罗杰斯在60年代将他的"患者中心"的治疗方法应用到教育领域，提出了"自由学习"和"学生中心"的学习与教学观。

罗杰斯认为，情感和认知是人类精神世界中两个不可分割的有机组成部分，彼此是融为一体的。因此，罗杰斯的教育理想就是要培养"躯体、心智、情感、精神、心力融汇一体"的人，也就是既用情感的方式也用认知的方式行事的情知合一的人。这种知情融为一体的人，他称之为"完人"或"功能完善者"。当然，"完人"或"功能完善者"只是一种理想化的人的模式，而要想最终实现这一教育理想，应该有一个现实的教学目标，这就是"促进变化和学习，培养能够适应变化和知道如何学习的人"。他说："只有学会如何学习和学会如何适应变化的人，只有意识到没有任何可靠的知识，只有寻求知识的过程才是可靠的人，才是真正有教养的人。在现代世界中，变化是唯一可以作为确立教育目标的依据，这种变化取决于过程而不是静止的知识。"可见，人本主义重视的是教学的过程而不是教学的内容，重视的是教学的方法而不是教学的结果。

2. 有意义的自由学习观

由于人本主义强调教学的目标在于促进学习，因此学习并非教师以填鸭的方式严格强迫学生无助地、顺从地学习枯燥乏味、琐碎呆板、现学现忘的教材，而是在好奇心的驱使下去吸收任何他自觉有趣和需要的知识。罗杰斯认为，学生学习主要有两种类型：认知学习和经验学习，其学习方式也主要有两种：无意义学习和有意义学习，并且认为认知学习和无意义学习、经验学习和有意义学习是完全一致的。因为认知学习的很大一部分内容对学生自己是没有个人意义的，它只涉及心智，而不涉及感情或个人意义，是一种"在颈部以上发生的学习"，因而与完人无关，是一种无意义学习。而经验学习以学生的经验生长为中心，以学生的自发性和主动性为学习动力，把学习与学生的愿望、兴趣和需要有机地结合起来，因而经验学习必然是有意义的学习，必能有效地促进个体的发展。

所谓有意义学习，不仅仅是一种增长知识的学习，而且是一种与每个人各部分经验都融合在一起的学习，是一种使个体的行为、态度、个性以及在未来选择行动方针时发生重大变化的学习。在这里，我们必须注意罗杰斯的有意义学习和奥苏伯尔的有意义学习的区别。前者关注的是学习内容与个人之间的关系，而后者则强调新旧知识之间的联系，它只涉及理智，而不涉及个人意义。因此，按照罗杰斯的观点，奥苏伯尔的有意义学习只是一种"在颈部以上发生的学习"，并不是罗杰斯所指的有意义学习。

对于有意义学习，罗杰斯认为有四个主要特征：

第一，全神贯注，即整个人的认知和情感均投入到学习活动之中；

第二，自动自发，即学习者由于内在的愿望主动去探索、发现和了解事件的意义；

第三，全面发展，即学习者的行为、态度、人格等获得全面发展；

第四，自我评估，即学习者自己评估自己的学习需求、学习目标是否完成等。因此，学习能对学习者产生意义，并能纳入学习者的经验系统之中。

总之，"有意义的学习结合了逻辑和直觉、理智和情感、概念和经验、观念和意义。若我们以这种方式来学习，便会变成统整的人。"

3. 学生中心的教学观

人本主义的教学观是建立在其学习观基础之上的。罗杰斯从人本主义的学习观出发，认为凡是可以教给别人的知识，相对来说都是无用的；能够影响个体行为的知识，只能是他自己发现并加以同化的知识。因此，教学的结果，如果不是毫无意义的，那就可能是有害的。教师的任务不是教学生学习知识（这是行为主义者所强调的），也不是教学生如何学习（这是认知主义者所重视的），而是为学生提供各种学习的资源，提供一种促进学习的气氛，让学生自己决定如何学习。为此，罗杰斯对传统教育进行了猛烈的批判。他认为在传统教育中，"教师是知识的拥有者，而学生只是被动的接受者；教师可以通过讲演、考试甚至嘲弄等方式来支配学生的学习，而学生无所适从；教师是权力的拥有者，而学生只是服从者"。因此，罗杰斯主张废除"教师"这一角色，代之以"学习的促进者"。

罗杰斯认为，促进学生学习的关键不在于教师的教学技巧、专业知识、课程计划、视听辅导材料、演示和讲解、丰富的书籍等（虽然这中间的每一个因素有时候均可作为重要的教学资料），而在于特定的心理气氛因素，这些因素存在于"促进者"与"学习者"的人际关系之中。那么，促进学习的心理气氛因素有哪些呢？罗杰斯认为，这和心理治疗领域中咨询者对咨客（患者）的心理气氛因素是一致的，这就是：

（1）真实或真诚：学习的促进者表现真我，没有任何矫饰、虚伪和防御；

（2）尊重、关注和接纳：学习的促进者尊重学习者的情感和意见，关心学习者的方方面面，接纳作为一个个体的学习者的价值观念和情感表现；

（3）移情性理解：学习的促进者能了解学习者的内在反应，了解学生的学习过程。在这样一种心理气氛下进行的学习，是以学生为中心的，"教师"只是学习的促进者、协作者或者说伙伴、朋友，"学生"才是学习的关键，学习的过程就是学习的目的之所在。

实践指导

让世界充满爱

课前准备：

1. 开展一次以搜集"爱心故事"为目的的定向性阅读活动。

2. 整理所搜集的资料，每人写一篇爱心故事。

3. 每人至少一则故事，四人一组，课前交流，每组选一则最能打动人的。

教学步骤：

1. 导入（以郭峰的《让世界充满爱》为音乐背景讲述故事）

暴风雨后的一个早晨，一个男子到海边散步，他注意到在沙滩的浅水洼里有许多被昨夜暴风雨冲卷上岸的小鱼。当太阳升起后，水会被蒸发，鱼儿只有死路一条。一个小男孩正将小鱼一条条地捡起来，扔进大海。他一边做一边对旁边惊异的男子说："这条鱼在乎！这条也在乎！还有这一条这一条……"是的，靠一个孩子的力量，不可能改变海滩上所有小鱼的命运，但是，他挽救了自己身边的小鱼的生命。小男孩的爱心令人肃然起敬。爱是一种博大的感情，她就像一股涓涓的细流，流淌在人们的心间，你只有用心去体会才能在内心深处引起震撼。

2. 方法指导（投影显示），即讲故事的方法与技巧

（1）要以口语为主，语气要亲切，可根据故事内容恰当运用停顿、轻重音、语速、

语调的变化来表达感情，感染听众，以求取得最佳的表达效果；

(2) 可借助表情、手势、姿态、动作等形体语言表情达意，增强表达的生动性；

(3) 要根据现场反应，随时调整自己所讲述的内容和方式。

3. 讲爱心故事的要求

(1) 主题"爱心"，故事必须是真实的，要有连贯性，富于吸引力，能感染人；

(2) 内容要集中鲜明，所讲故事要能给同学留下深刻的印象；

(3) 灵活运用讲故事的方法与技巧。

4. 谈"爱"的感受

人生命运存在着难以预测的因素，生活中会有意想不到的不幸降临，每个人都可能会遇到需要他人同情、理解和关怀的事。当你面临困难、忧伤的时候，你是否接受过别人的爱心和帮助？请你谈谈自己的经历和当时的感受。

5. 拓展

(1) 让每个同学在纸片上写一句话（和"爱"有关的），表达自己上完这节课的感悟和体会。

(2) 写作：①命题：《这就是爱》或《这也是爱》；②话题：博大的爱

(广东深圳市南山区华侨城中学　张延青)

案例点评：

本案例介绍的是关于学生情感培养的一则综合性教学设计，通过让学生查阅、收集爱心小故事，并在课堂上与小组同学讨论、分析等，以培养学生积极的情绪情感体验为途径，最终达到帮助学生形成积极乐观的人生态度的目的。

这种充分重视对学生积极情感的培养，并以此为目标来拓展传统教学设计中单纯以知识、技能为目标的教学理念，正是人本主义学习理论所极力倡导的。著名人本主义心理学家罗杰斯曾指出，在情感的参与下，认知和情感的协同活动能使认知活动达到一个单凭认知能力本身所不能达到的高水平，积极的情感体验能很好地发挥学习者自己的作用，从而形成学习者感兴趣的动力。正因如此，人本主义学习理论使人们重新认识到情感在教育中的重要作用，重视教学设计中的情感设计，而不再以认知设计作为唯一目标。

（一）人本主义学习理论与教学设计

由于人本主义心理学家不是以研究学习为己任，所以并未提出系统的学习理论，也没有形成一套具体可行的教学设计模式。关于学生学习及教师教学的观点，更多的是从"关注人的生命在现在和未来的价值"这一整体视角出发而展开论述的。

没有一套具体、可操作的教学设计模式并不意味着人本主义学习理论对教育教学没有明确、可遵循的行事方向，关于人本主义理论指导下的教学设计主要有以下特点：

第一，教学设计应特别关注教育教学与学生全面发展的关系。教学设计仅仅围绕认知过程是远远不够的，学生的情感、欲望、自主性、体验和感受统统成为教学设计必须面对的因素及必须考虑和回答的问题。而且这些方面不仅是作为教育教学的手段，更是教育教学的目标。

第二，注重教学设计的个性化。罗杰斯提出的意义学习在速度和巩固性上都更加优越，教学要符合意义学习的要求，就不应当是刻板划一的，就不可能只是孤立地考虑知识及其结构，而应当是个性化的，应当在设计上为学生的个性经验提供条件和基础，使得教学充满情感，与学生个人经验相关联，使得学生能够在教学中找到对自己来说十分具体的意义。因此，教学设计的焦点直指学生学习经验、学习需要与个性发展，教学设计的起点和旨归都只能是为学生学习需要提供支持，为个性发展创设空间。

第三，教学要关注认知设计与情感设计的并重、协调，注重学习氛围、环境（尤其是人际关系）的创设，促进学生无压力无威胁的学习。现代教学设计是开发教学媒体、提供学习资源、安排学习环境优化的系统，在这个系统中，学生根据自己的经验水平自由选择。教学设计所关注的是如何向学生展现"春天的原野"，让学生博采广撷，自我"酿蜜"；教学设计所关注的是如何提供真

实情境、模拟情境，让学生体验与尝试、发现与探究。

（二）如何在教学设计中体现"以人为本"

为了培养全面发展的"完整的人"，教师必须采取有效的方法来促进学生的变化和学习，培养他们适应变化和如何学习的能力。为了实现这样的教学目标，以便更好地为当代信息社会的教学服务，以人本主义学习理论为指导的教学设计应该从以下几个方面着手进行教学设计。

1. 以学生为中心，重视主体作用的发挥

人本主义学习理论认为：在适当的条件下，每个人所具有的学习、发现、丰富知识与经验的潜能和愿望是能够被释放出来的。由此，我们在进行教学设计时，应充分信任学生的潜在能力，以他们为中心，激发他们高层次的学习动机，从而使他们能够对自己进行教育，最终把他们培养成"完整的人"。

师生共同分担学习过程的责任，一起制定课程计划、管理方式等方面的内容；教师提供各种各样的"学习资源"，包括他自己的学习经验或其他经验、书籍及各种参考资料、社会实践活动等；让学生自己制定学习目标、学习方案，自己对学习情况做出评价；创造一种真诚、关心、理解的促进学习的气氛；教师的作用是"催化剂"和"助产士"，而非权威；通过意义活动和促进友好关系，帮助学生理解自己、发展自己。

2. 协调师生关系，重视情感性因素的作用

师生关系融洽是调动学生主动性、积极展开思维、保证教学有效进行的重要保证。这就要求教师要营造一种心情顺畅、宽松愉悦的课堂氛围，课堂上要发扬教学民主，使自己成为学生的朋友。老师要有一颗热爱学生的心，只有热爱学生才能消除对学生的偏见，只有对学生付出真诚的师爱，才容易发现他们身上的"闪光点"。

3. 创设真实的教学情境，重视问题情境的影响

首先，教师要能发现一些对学生来说是真实的同时又与教学活动相关的问题。其次，教师要切实激发学生的学习动机，引导学生挑战各种复杂的问题情境。

第三，让学生进行角色扮演，模拟在真实问题情境下的各种角色的行为，以便将来在真正问题的情境中得心应手。第四，如果有条件的话，应让学生到第一线去，让他们直接面对社会各行各业人员所面临的问题。

4. 主张合作学习，重视协作式的情感支持

合作学习是通过两个或两个以上的个体在一起从事学习活动，互相促进，以提高学习效果的一种教学形式。第一，采取同伴教学与分组学习的方式进行协作学习，学生可以根据自己的个性和兴趣来与志趣相投的伙伴进行合作学习。第二，为了使学生在自由学习氛围内保证学习的效果并对学习承担责任，我们可以采取师生合作方式。第三，在进行协作学习时，协作双方应做到资源共享、相互尊重、相互信任和相互理解。

5. 加强传统文化和人文科学教育

人本主义学习理论重视环境对学生的影响作用，主张为学生的学习提供宽松、自由、信任、无外在压力、无讽刺的良好学习氛围，提供丰富的学习资源，这是实现以学习者为中心的教学前提。现代教育不仅仅是要培养具有某种专长的"专才"，而且要培养具有现代化教养的"现代人"，深厚的人文教养应当是我们现代化事业所需人才的基本素质。通过传统文化的传授和人文教育的加强，有助于培养学生的爱国热情和民族自豪感，树立远大的理想和抱负，形成高尚的情操和坚定的意志品质，使每一个未来的社会主义事业接班人都具有深厚而扎实的文化底蕴和人文素养。

6. 充分利用各种学习资源

首先，教师应具备使用信息系统、获取信息、分析信息、加工信息、利用信息的能力。这为教师方便地利用各种学习资源提供了可能。其次，教师应主动向学生介绍自己拥有的知识、经验、特定的技能和能力，以便学生及时求得帮助。第三，建立虚拟学习社区，从网上推选一些学习、生活经验丰富的人，让他们来解答学生关心的一些问题。

7. 追求学习过程的开放性

首先，教师要让学生认识到他们的学习内容与自身的关系，使其发现他们学习的内容能够保持和发展自我，进而激发他们的学习热情和动机。其次，在学生的自我激发之后，教师应让学生的情感与理智全部投入到实际的学习当中去，让学生积极主动地探究知识的奥秘，使学生促进自我学习，提高自身的学习积极性和学习效率。第三，对学生学习结果的评价也要采取开放的态度。教师应让学生进行自我评价，把他人的评价放在次要地位，这样才能有助于发展学生的独立性、创造性和自主性。实际上，自我评价是学习过程的出发点和归宿，因为学生的自我评价是使自我发起的学习变成一种对自己的学习负责的主要手段之一。

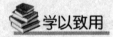 学以致用

不一样的公开课

小李老师是一名新来的英语老师，因为自己还没有带班，因此在准备公开课的时候，只好借学生上课。借学生上课，这可难坏了小李老师，最让她头疼的就是对学生根本就不了解。于是，小李老师找到这个班级的英语老师了解情况。在交谈的过程中她了解到：这些学生很活泼，他们的英语能力非常优秀，可以用全英来组织课堂……了解到这一点，小李老师开始把教学设计向活动化方向展开。课堂导入部分用礼物来与学生拉近距离，学生的参与兴趣高涨。教学过程中又将英语教学与爬楼梯比赛结合在了一起，充分调动了同学们学习英语的积极性，很多词汇在爬楼梯的不知不觉中被牢牢记住。整堂公开课进行得异常精彩。

问题：

1. 小李老师的这堂公开课之所以能取得成功的原因是什么？

2. 小李老师的这节课带给你哪些启示？

第四节 建构主义学习论

 情景再现

给水变个样

庄老师正在给学生上科学课，这堂课的题目是"给水变个样"。 庄老师准备了清水以及各种类型的透明容器。学生们也带来了老师要求的东西——气球和棉线。

"老师这儿有一个谜语，想不想猜？ 用手抓不起，用刀劈不开，做饭洗衣服，都要请它来。"（谜底：水）

学生们叽叽喳喳地开始猜谜语，热情高涨。

庄老师继续说："根据谜语，你们知道了水的哪些知识？""光凭我们的猜想是不能科学地说明水是可以流动的、没有固定形状的，你准备怎么办？用哪些方法给水变个样？请同学们设计一个实验来验证自己的想法。"

……

接下来四人为一小组，制定实验计划：A. 玩水球。B. 倒水。（用量筒、三角烧瓶、漏斗、水槽等）

……

庄老师："我们用实验证明了我们的猜想——水是可以流动的、没有固定形状的。这些都是水的性质。"接着给出了液体的概念——像水那样，可以流动、没有固定形状的物体叫液体。庄老师让学生看书上的三幅图，认识三种液体（油、橙汁、牛奶）。进而明确：这三种液体也像水一样可以流动、没有固定的形状。

这时庄老师问道："常见的液体很多，你们还能举出一些例子吗？"

……

庄老师继续问道："通过这堂课的学习，你们有什么收获？对自己有什么评价呢？"

……

最后庄老师进行了课堂小结:希望同学们课后能继续研究,留给你们的问题是:沙子是不是液体?巧克力是不是液体?如何用实验来证明?

案例点评:

本案例很好地体现了建构主义学习论的思想:老师不是直接地去讲解有关水的各种知识,而是先通过有趣的谜语调动起学生的积极性和好奇心,然后设计情境,让学生带着问题在做中学、在问题解决中学,学生知识的掌握即是一个新旧知识互相建构的动态的过程。

建构主义者以"在问题解决中学习"的思路来设计教学:教师可以针对所要学习的内容设计出具有思考价值的、有意义的问题。首先让学生去思考、去尝试解决,在此过程中,教师可以提供一定的支持和引导,组织学生讨论、合作,但这都不应妨碍学生的独立思考,而是配合、促进他们的问题解决过程。在问题解决中,学习者要综合运用原有的知识经验,并查阅有关的资料,从而做出合理的综合和推论,分析、解释当前的问题,形成自己的假设和解决方案。而在此过程中,学习者便可以建构起与此相应的知识经验。在此基础上,教师可以再进行提炼和概括,使得学习者所建构的知识更明确、更系统。

🔍 理论解析

建构主义作为一种新的学习理论,对学习和教学提出了一系列新的解释,它强调知识并不是对现实世界的绝对正确的表征,不是放之各种情境皆准的教条;学习者不是空着脑袋走进教室的,在以往的生活、学习和交往活动中,他们逐步形成了自己对各种现象的理解和看法,而且他们具有利用现有知识经验进行推论的智力潜能;相应地,学习不只是知识由外到内的转移和传递,而是学习者主动地建构自己的知识经验的过程,即通过新经验与原有知识经验的相互作用,来充实、丰富和改造自己的知识经验。

（一）建构主义的知识观

知识不是对现实的纯粹客观的反映，任何一种传载知识的符号系统都不是绝对真实的表征，它只不过是人们对客观世界的一种解释、假设或假说。它不是问题的最终答案，它必将随着人们认识程度的深入而不断地变革、升华和改写，出现新的解释和假设。

知识并不能绝对准确无误地概括世界的法则、提供对任何活动或问题解决都适用的方法。在具体的问题解决中，知识是不可能一用就准、一用就灵的，而是需要针对具体问题的情境对原有知识进行再加工和再创造。

知识不可能以实体的形式存在于个体之外，尽管通过语言赋予了知识一定的外在形式，并且获得了较为普通的认同，但这并不意味着学习者对这种知识有同样的理解。真正的理解只能由学习者自身基于自己的经验背景而建构起来，取决于特定情境下的学习活动过程。否则，就不叫理解，而是叫死记硬背或生吞活剥，是被动的复制式的学习。

建构主义认为，课本知识只是一种关于某种现象的较为可靠的解释或假设，并不是解释现实世界的"绝对参照"。某一社会发展阶段的科学知识固然包含真理，但是并不意味着终极答案，随着社会的发展，肯定还会有更真实的解释。更为重要的是，任何知识在为个体接收之前，对个体来说是没有什么意义的，也无权威性可言。所以，教学不能把知识作为预先决定的东西教给学生，不要以我们对知识的理解方式来作为让学生接收的理由，用社会性的权威去压服学生。学生对知识的接收只能由他自己来建构完成，以他们自己的经验为背景来分析知识的合理性。在学习过程中，学生不仅理解新知识，而且对新知识进行分析、检验和批判。

（二）建构主义的学习观

当代建构主义者主张，世界是客观存在的，但是对于世界的理解和赋予意义却是由每个人自己决定的。我们是以自己的经验为基础来建构现实，或者至少说是在解释现实，我们的经验世界是用我们自己的头脑创建的。由于我们的经验以及对经验的信念不同，于是我们对外部世界的理解便也迥异。所以，学习不是由教师把知识简单地传递给学生，而是由学生自己建构知识的过程。学生不是简单被动地接收信息，而是主动地建构知识的意义，这种建构是无法由他人来代替的。

学习过程同时包含着两方面的建构：一方面是对新信息的意义的建构，同时又包含着对原有经验的改造和重组。这与皮亚杰关于通过同化与顺应而实现的双向建构的过程是一致的。只是建构主义者更重视后一种建构，强调学习者在学习过程中并不是积累供日后提取出来以指导活动的图式或命题网络。相反，他们对概念的理解是丰富的、有着经验背景的，从而在面临新的情境时能够灵活地建构起用于指导活动的图式。

任何学科的学习和理解都不是在白纸上画画，学习总要涉及到学习者原有的认知结构，学习者总是以其自身的经验，包括正规学习前的非正规学习和科学概念学习前的日常概念来理解和建构新的知识和信息。即学习不是被动地接受信息刺激，而是主动地建构意义，是根据自己的经验背景对外部信息进行主动的选择、加工和处理，从而获得自己的意义。外部信息本身没有什么意义，意义是学习者通过新旧知识经验间的反复的、双向的相互作用过程而建构成的。因此，学习不是像行为主义所描述的"刺激——反应"那样。学习意义的获得是每个学习者以自己原有的知识经验为基础，对新信息重新认识和编码，建构自己的理解。在这一过程中，学习者原有的知识经验因为新知识经验的进入而发生调整和改变。所以，建构主义者关注如何以原有的经验、心理结构和信念为基础来建构知识。

（三）建构主义的教学观

建构主义者强调学习的主动性、社会性和情境性，对学习和教学提出了许多新的见解。由于事物的意义并非完全独立于我们而存在，而是源于我们的建构，每个人都以自己的方式理解事物的某些方面，教学要增进学生之间的合作，使学生看到那些不同的观点。因此，合作学习受到建构主义者的广泛重视。

这些思想是与维果斯基重视社会交往在儿童心理发展中的作用这一思想相一致的。学习者以自己的方式建构对事物的理解，从而不同的人看到的是事物的不同方面，不存在唯一的标准的理解，通过学习者的合作使理解更加丰富和全面。

教学不能无视学习者的已有知识经验，简单强硬地从外部对学习者实施知识的"填灌"，而是应当把学习者原有的知识经验作为新知识的生长点，引导学习者从原有的知识经验中生长新的知识经验。这一思想与维果斯基的"最近发展区"的思想相一致。教学不是知识的传递，而是知识的处理和转换。

教师不是知识权威的象征，也不单是知识的呈现者，而应该重视学生自己对各种现象的理解，倾听他们时下的看法，思考他们这些想法的由来，并以此为依据引导学生丰富或调整自己的解释。教学应在教师指导下以学习者为中心，当然强调学习者的主体作用并不等于忽视教师的主导作用。教师的作用从传统的传递知识的权威转变为学生学习的辅导者，成为学生学习的高级伙伴或合作者。教师是意义建构的帮助者、促进者，而不是知识的提供者和灌输者。学生是学习信息加工的主体，是意义建构的主动者，而不是知识的被动接受者和被灌输的对象。简言之，教师是教学的引导者，并将监控学习和探索的责任也由教师为主转向学生为主，最终要使学生达到独立学习的程度。

（四）情境性与整体性的构架

建构主义认为，学习者的知识是在一定的情境下借助他人的帮助，如人与人之间的协作、交流、利用必要的信息等，通过意义的建构而获得的。理想的学习环境应当包括情境、协作、交流和意义建构四个部分。学习环境中的情境必须有利于学习者对所学内容的意义建构，在教学设计中创设有利于学习者建构意义的情境是最重要的环节或方面。协作应该贯穿于整个学习活动过程中，而交流是协作过程中最基本的方式或环节。其实，协作学习的过程就是交流的过程，在这个过程中，每个学习者的想法都为整个学习群体所共享。

同时，教学应使学习在与现实情境相类似的情境中发生，以解决学生在现实生活中遇到的问题为目标。为此，学习内容要选择真实性任务，不能对其做过于简单化的处理，使其远离现实的问题情境。由于具体问题往往都同时与多个概念理论相关，所以他们主张弱化学科界限，强调学科间的交叉。这种教学过程与现实的问题解决过程相类似，所需要的工具往往隐含于情境当中。教师并不是将提前已准备好的内容教给学生，而是在课堂上展示出与现实中专家解决问题相类似的探索过程，提供解决问题的原型，并指导学生探索。既要提供建构理解所需的基础，同时又要留给学生广阔的建构空间，让他们针对具体情境采用适当的策略。

在教学进程的设计上，建构主义者提出要呈现整体性的任务，让学生尝试进行问题的解决，在此过程中学生要自己发现完成整体任务所需实现完成的子任务，以及完成各级任务所需的各级知识技能。教学活动中，不必非要组成严格的直线型层级，因为知识是由围绕着关键概念的网络结构所组成，它包括事实、概念、概括化以及有关的价值、意向、过程知识、条件知识等。学生可以从知识结构网络的任何部分进入或开始。即教师既可以从要求学生解决一个实际问题开始教学，也可以从给学生一个规则入手。在教学中，首先要选择与儿童生活经验有关的问题，同时提供用于更好地理解和解决问题的工具。然后让学生单个地或在小组中进行探索，发现解决问题所需的基本知识技能，在掌握这些知识技能的基础上，最终使问题得以解决。

建构主义作为一种学习理论极具启发意义，但在一些问题上也有偏颇，而且其内部也存在诸多分歧。我们一方面要在理论上深入分析和把握它，以辩证的观点认识学习和教学中的基本问题，同时又应具体到教学活动中，在更具体的水平上汲取其合理之处，从而建构我们自己的学习和教学理论。

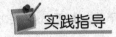

让低年级学生也学会探究

—— 《锯是怎样发明的》教学设计

一年一度的教师评定又要来临了，根据新课程标准的要求，教师们都在琢磨着怎样做好一节体现新课标的公开课。对此，多年从事小学语文教学的张老师为我们讲述了她在教授二年级语文《锯是怎样发明的》一课时，如何尝试运用探究性教学方法展开教学的。以下是其中的一个教学片段：

师：在了解了鲁班发明"锯"的过程之后，我们开一个"古今中外发明创造信息交流会"，把你预先收集到的有关发明、创造的人或事迹介绍给大家，好吗？

（用多媒体打出大字：古今中外发明创造信息交流会）

生1：我为大家介绍一位古代的科学家，他的名字叫华佗，是一名医生。他经常给病人治病，看见病人非常痛苦，他就历经千辛万苦采药研究，终于发明了"麻沸散"，解除了病人的痛苦。

生2：美国的托马斯·阿塔姆斯看见一个小孩在吃叫做糖胶树的东西，由此受到启发，经过研究实验，发明了今天大家都喜欢吃的可以健齿的口香糖。

生3：东京大学有位教授名叫池田菊苗。一天，他吃了一碗有黄瓜和海带丝的汤，觉得很鲜，经过研制，1903年，池田教授终于从海带中提取出一种物质，它就是谷氨酸钠，把它命名为"味精"。池田教授就这样发明了"味精"。

……

在列举了他们所收集到的许许多多的古今中外有关发明创造的故事后，教师又话锋一转，要求学生自己进行大胆的发明创造。

师：在我们的生活中，还有许多没有解决的问题，你想发明什么来解决问题呢？把它写下来。

（用多媒体打出：我的奇思妙想）

生1：每次我乘爸爸的车子到上海去，总是为停车的事而烦恼。我想要是能

发明一辆伸缩自如的手提式汽车该多好啊！外出时，只要按动开关、打开汽车就可以方便地出行了。一到目的地，又可以像手提包一样，随身携带。

生2：冬天寒风呼呼地刮着，好冷啊！人们穿上了厚厚的羽绒衣、长长的大衣，可是行动太不方便了，尤其是小朋友，活动不灵活，实在太苦恼了。我想发明一件空调衣，它可以根据室内外气温、各人需要随时调节温度。到那时，人们一年四季都轻轻松松，更不会因为太冷或太热而生病了。

……

（选自鹤岗教师论坛）

案例点评：

一段段详实的发明史、一个个闪烁着智慧火花的奇思妙想充分地展现了学生的潜能与智慧。张老师这堂探究性语文课无疑为学生提供了实践的机会，让孩子们广开思路，通过各种渠道查阅资料，兴致勃勃地做了大量的准备工作，各显神通，最终完成了灵活的"作业"，让孩子们也成为了发现者、研究者和探索者。在课堂上，学生又真正尝到了主人的滋味，呈现了令人欣喜的一幕。

在这个过程中，教师引导学生主动探究、解决问题，培养了学生收集信息、处理信息的能力，实现了老师与学生、学生与学生的多方信息交流，真正体现了学生学习的主体性，把课堂还给了学生，让课堂充满了活力。这正是建构主义学习理论深入渗透到教学设计中的典型应用。

建构主义是一种不同于传统客观主义的学习理论，随着多媒体计算机和网络信息技术的飞速发展，建构主义学习理论正越来越显示出其强大的生命力。我国正在推行的课程改革就是基于建构主义学习理论和多元智能理论的一场深刻的教育革命。应用建构主义学习理论指导课堂教学设计，这是新课程实施中必须给予充分重视的一个重要问题。

（一）建构主义教学设计的实质与功能

1. 建构主义教学设计的实质

建构主义教学设计主张在具体情境中通过新旧经验的相互作用，并包含新旧经验之间的冲突而形成的意义建构。对于建构主义教学设计的模式，我国大多数学者倡导的是"主导—主体相结合"的建构主义，即既要充分发挥教师的主导作用，又要突出学生在学习过程中的主体地位。

2. 建构主义教学设计的功能

对建构主义来说，它最适合于一些非良好结构领域的复杂知识的学习和掌握。具体来说，建构主义教学设计有助于以下学习目标的实现：

（1）建构主义坚持学生的自主选择和主动探究，为学生个性的充分发展创造了条件。在教师的指导下，有利于使学生学会发现、学会探究，形成发现问题与解决问题的能力。

（2）建构主义强调实践性经验的建构，并面向学生的生活世界和社会实践，有利于学生体验生活并学以致用。开放的学习活动可以促进学生实践意识的养成，并通过对生活的感受和体验形成热爱生活的态度和情感，并学会健康愉快地、自主而负责任地、智慧而富有创意地生活。

（3）开放式的学习将促进学生对自我、社会和自然之间内在联系的整体认识，树立谋求自我、社会与自然和谐发展的责任感，形成从自己的周围生活中主动地发现问题，并独立地解决问题的态度和能力。

（二）建构主义学习论与教学设计

由于建构主义教学设计都是以学生的自主学习为主要学习形式，所以我们设计的核心任务是从过去的"设计怎样"转变为"设计学生怎样学"。教师的角色也由前台的表演者转变为后台的导演和学习活动的促进者。

1. 教学准备设计

首先，要依据教学活动的总目标、结合当前具体的研究内容或探索内容，以及学生现有的知识能力和态度情感状态，确定较为具体的教学目标。其次，教师需要依据所提出的教学任务和研究探索的内容，分析制定出自己的研究方案。最后，教师要对学生的情况进行分析，包括两方面内容：一方面，教师要分析学生在知识基础、研究能力、兴趣爱好、动机水平、态度情感等方面的准备情况；另一方面，教师要分析学生可能的研究过程，以及在这一过程中学生所需要的学习资源、认知工具和知识方面的帮助。

2. 教学过程设计

由于依据建构主义学习理论的教学模式是以学生自主学习的方式展开的，所以教学过程设计不是去设计具体的认识过程，而是为自主学习设计一个有援助的学习环境。具体内容如下：

(1) 熟悉学习资源。教师需要详细考虑学生所研究的课题需要查阅哪些资料，为此教师要掌握各种信息资源的形式和来源。

(2) 帮助学生掌握认知工具。教师要考虑学生在研究活动或探索活动中都需要了解哪些方法性知识，需要使用哪些技术性工具，同时要创造条件为学生提供这些工具。教师不仅仅要熟练掌握作为学习主题基础的规则，还必须能够提供探讨这些规则的各种方式。例如，对于学生学习密度，教师可以支持学生用一些表格、等式或图表等方式来理解。

(3) 应用自主学习策略。主要包括：抛锚策略、认知学徒策略、建模策略、支架策略、自上而下策略等。

(4) 充分的沟通、合作和支持。首先是教师与学生之间的沟通和交流。建构性的学习和教学强调学习者的主动探索，但并不轻视教师的作用，教师的引导和帮助对于学生的思考和知识建构来说是极为重要的。其次是学生与学生之间的沟通和合作。可以通过小组讨论、意见交流、游戏、辩论等形式解决问题。面对各种不同的观点，学习者要学会理清、表达自己的见解，学会聆听、理解他人的想法，学会相互接纳、赞赏、争辩、互助，不断对自己和别人的看法进行反思和评判。

(5) 实施管理与帮助。包括对学习资源、认知工具的导航性指引，有关基础知识和研究方法的介绍，当学生在自主活动中遇到困难时，提供必要的帮助和指引等。

3. 教学评价设计

遵循建构主义学习理论教学设计的评价，往往需要在研究活动进行过程中反复评价和改进。因为在活动过程中总会出现一些新情况，所以需要不断地调整。当出现新问题时，教师应认真了解学生所面临的问题，按学生的思路提出如何克服困难的建议，从而根据具体情况对原先设计的活动方案进行适当的调整。

此外，在教学中应用建构主义学习理论的观点来指导我们的教学，还应注意以下几点：

（1）不同学科领域可以允许学生在主题内容的探讨方面有不同程度的自由，例如许多数学问题只有唯一的正确答案，如果让学生通过他们自己的方法去探讨问题，是较为困难的。而对社会性学科的问题探讨会有更多的解释，所以社会性学科的学习对教师提出了更大的挑战。

（2）教师要注意具体的教学技巧（如讨论、合作学习、探究学习）如何适合于建构主义模型。学生总会主动建构或组织知识，问题在于如何运用技巧去配合而不是支配学生的思维。例如，学生也许在科学课中是以操作钟摆开始，在数学课中是以构造多边形开始，在社会性学科课中是以阅读某个故事开始。在有了这些经历之后，教师再和学生一起提出术语、进行解释和进行概念的组织。

（3）教学设计要符合情境的需要，教师要善于利用多种复杂的策略去支持学生的个人理解。这些策略包括建构主义提出的支架式教学、示范性教学、训练式教学、指导式教学和协商式教学，教师面临的挑战是选择合适的策略并巧妙地实现它。

（4）合作学习。许多有能力的学生对帮助同伴不感兴趣，而且群体作业的消极后果（如争吵、排斥、不劳而获）也是普遍存在的。如果教师熟悉合作学习的原理，这些后果就会减到最小。因此，这就要求教师对分散的学习环境要有额外的合作学习和管理技能方面的能力。

(5) 学生要有一定的独立性。建构主义学习要求学生在有关学习的主题方面，即选择问题和设计计划时应该有一定的自由度。

(6) 教师可以采取多种教学评估方式。如要求学生创作新闻、撰写研究报告、制作物理模型，或者以戏剧、舞蹈、辩论或其他的艺术形式进行表演。

学以致用

这是一堂劳动技能课，这节课的内容是教学生做点心。中国老师走进课堂，对学生说："同学们，今天我们要学做蛋糕，注意看图片，蛋糕是什么样子？先拿一个面包，然后在上面涂一层奶油，奶油上面再加一些水果，再加一些奶油，上面又是一块面包，这么垒起来，最后一块蛋糕就做成了。现在每四人组成一个小组，到实验室做蛋糕。"实践的过程中，老师不断地叮咛嘱咐，唯恐学生出现差错。

同样的一段教学内容，德国老师是这么讲解的：

德国老师走进教室开始上课，老师首先问："小朋友们，喜欢过生日吗？"

"喜欢！"

"为什么喜欢啊？"

"可以吃蛋糕。"

"那你们想自己动手做蛋糕吗？"

"想！"

"太好了，现在你们就各自想办法去吧，每个人都要去调查，可以到图书馆查资料，也可以到街上面包房去看看，可以回家问父母，也可以相互交流。通过查找资料，自己动手实践创作一个你所喜爱的蛋糕。"

于是，同学们都去各自想办法，探索蛋糕的制作奥秘……

第二天，学生们兴致勃勃地把自己的作品带到了课堂。

问题：

1. 两位教师的教学方式你更赞成哪一个？

2. 不同的教学方式给你带来了什么样的启示？

第三章 准确定位：学习目标分析与教学目标设计

第一节 认知领悟：知识与技能目标的设计

 情景再现

水墨画笔墨趣味

美术课上，董老师无比自豪地对同学们说："同学们，还记得2008年8月8日是个什么日子吗？"

"北京奥运会开幕。"学生们齐声回答。

"神奇画卷起云涛，华夏文明耀鸟巢。焰火辉煌惊世界，百年圆梦在今宵。大家还记得开幕式上那幅贯穿始终颇具创意的水墨画创作吗？"

"记得！那场面怎一个"恢弘"了得，70米长的画卷逐渐展开，令人为之一震……"有同学在下面附和道。

趁着这股热闹的势头，董老师为学生们播放了北京奥运会开幕式的片段，并由此导入了新课的教学。董老师首先简单向同学们介绍了水墨画："中国画是中国乃至世界文化史上的瑰宝，其中水墨画在中国绘画史上占有十分重要的地位。它始于唐代，成于五代，盛于宋元明清，近代以来仍持续发展。中国水墨画以笔法为主导，充分发挥墨法的功能，表现中国画的意趣和韵味。崇尚"墨即是色"，即墨的浓淡变化就是色的层次变化。"墨分五彩"，即色彩缤纷可以用多层次的水墨

色度来代替。接下来董老师开始布置"水墨探讨"这一教学环节,并给学生提出了思考题目:纸张有何特点? 水在其中有什么作用? 你是如何控制好墨色变化的?

几分钟的思考之后董老师又带领同学们进入了下一教学环节——欣赏与讨论。董老师用投影仪打出了宋代著名山水画家王希孟的唯一传世作品《千里江山图》,并引导学生分析墨色浓淡变化,以及水、墨、色相互渗透的画面效果。接下来又用大段时间讲授了笔墨表现的专业手法。最后让学生尝试练习,自主表现事物,并对作业成果进行展示评价。但是从作业效果来看,更多的学生还是在用画水彩笔、画铅笔、画油画棒的方法来画相关的事物,我们并没有从中看到有"趣味"的笔墨效果。

案例点评:

从最后的结果来看,本节课是一堂失败的美术课。那么,失败在哪里呢? 在于该教师没有很好地把握好本节课的教学重点,即没有对知识与技能目标作出准确的定位。听完这节课,给人的感觉是好像有很多的知识与技能目标,但最后真正得到落实的却好像一个都没有。

该教师首先向学生展示了水墨画的创作情境,由此导入新课教学,应该说这是一个很好的设计。但是简单的介绍之后就开始布置"水墨探讨"的教学环节,要求学生思考"纸张有何特点? 水在其中有什么作用? 你如何控制好墨色变化?"这几个问题明显有点突然,在学生没有实践经验的前提下,提出"你如何控制好墨色变化?"这一问题显然不合时宜。接下来的"欣赏与讨论"环节,原本是与本节课的主体最相吻合的,也是最能启发学生进行水墨画笔墨"趣味"思考与感悟的,但是该教师对这一环节的教学显然不够到位,相反地却利用大段时间对笔墨画的专业手法进行讲授。

水墨画表现的是中国画的意趣和韵味,同样《水墨画笔墨趣味》重在对趣味的解读,因此本节课的重点应该是引领学生感悟中国水墨画的美。美在哪里? 美在意趣和韵味。而该教师在学生既没有理解什么是笔墨的趣味,也没有感悟到笔墨韵味之时，就在课堂上花费大量的时间进行笔墨技法的讲解，其结果必然会导致学生的茫然。

理论解析

教学是一种有目的、有计划的行为，因此在活动之前，教师要做好充分的准备，这样不仅能够保证课堂教学的有效进行，同时也可以减少教师教学时的不确定感，增加教师的自信心和安全感。那么，在教学之前都需要准备些什么？从本章开始我们就从教学目标的设计入手对备课进行系统的分析与探讨。

（一）何为教学目标

在对教学目标进行定位之前，我们首先需要明确什么是教学目标。翻看诸多专家对教学目标的理解，基本上给出的定义是：教学目标是指教学活动的主体在具体教学活动中所期望达到的结果和标准。根据这一定义，我们可以用比较通俗的语言加以解释，即教学目标就是教师期望学生通过一节课、通过一个任务或者一个项目的学习后所产生的变化。我们可以利用图表进行举例说明。

课前学生学习状况	课后学生所发生的变化	是哪方面变了
学生不知道"茶杯"的英文表达	知道如何用英文表达"茶杯"	知识
学生不知道如何总结规律	能从普遍现象中总结规律	方法
学生不知道如何使用水彩	能够熟练应用水彩作画	技能
学生对背诵古诗没有耐心	学生能够坚持背诵古诗	态度
学生讨厌学习数学	学生对数学产生了兴趣	情感

结合教学目标的定义，通过对上表的分析，我们不难看出，表中第二列的"课后学生所发生的变化"其实就是课堂教学的目标。新课程改革为课堂教学提出了三维度的目标体系，即关注知识与技能、过程与方法、情感态度与价值观这

三个维度的目标。

（1）知识与技能目标。知识主要包括人类生存所不可或缺的生活知识与学科基本知识，强调使学生具有使用终身学习的基础知识、基本技能与基本能力，即让学生"学会"。

（2）过程与方法目标。知识的学习需要讲求方法并在过程中实现，这个过程是学生对知识从陌生到熟悉、由熟悉到掌握的过程。因此，学习不仅要重视学习行为的结果，还要重视学习的过程，在过程中学习，在过程中培养，即让学生"会学"。

（3）情感态度与价值观目标。情感不仅是对学习的兴趣，更是乐观的生活态度与豁达的人生态度。情感、态度与价值观目标不能局限于空泛的说教，而要真正渗透到各学科的具体目标之中，即让学生"爱学"。

新课程背景下的课堂教学要求教师结合学科特点和学生的实际需要，从"知识与能力"、"过程与方法"、"情感态度与价值观"三个方面出发进行课程目标设计，走多元化发展路线，使传统课堂教学走出目标单一的困境。三维课程目标是一个相互融合的有机整体，其中"知识与技能"作为一个目标维度，它既有自身独立的要求，同时在整个目标体系中，它又是其他两维度目标达成的载体。"过程与方法"是学习知识、掌握技能的过程与方法，离开了知识的学习和情感的培养，过程与方法也就无从谈起。同样"情感、态度、价值观"也不可能脱离学习知识与培养能力而独立存在。

"知识与能力"作为教学目标的核心，是教学评价中的显性因素；"过程与方法"作为教学目标得以实现的载体，是教学过程中的隐性因素；"情感态度与价值观"既具有内隐的性质，同时又需要用外显行为来得以展现。有些教师在课堂教学的过程中可能会陷入这样的误区：既然大纲要求按照三维目标设计教学，那么每堂课的三维目标都应该落实得很具体，最终由于目标过多、过杂而导致教学的失败。事实上三维目标是一个互相联系、不可分割的整体，我们很难分清哪一个目标单纯属于哪一个维度。因此，我们在制订具体教学目标时必须依据系统论的思想，充分考虑到三维目标的整体性，在教学过程中自然而然地将三维目标融为一体，即在达成知识与能力目标的同时，实现过程与方法、情感态度与价值观等内在目标的逐步达成，而无需刻意地在三维目标之间划清界限。

（二）解读知识与技能目标

"知识"与"技能"是布鲁姆教育目标分类学体系中的两个重要的目标领域，也是我国基础教育阶段各学科课程的核心目标，常被称为"双基"（即"基础知识"和"基本技能"）。在新一轮基础教育课程改革中，这两个目标领域被合并为一个维度——"知识与技能目标"。那么，我们应该如何理解这一包含了两个目标领域的目标维度呢？为了更好地理解"知识与技能目标"，我们必须从认知心理学的广义知识观的角度，理清"知识"与"技能"的关系。

1. 认知心理学中广义的知识分类

随着认知心理学的不断崛起，"知识"成了认知心理学中的一个重要概念。大多数认知心理学家主张将"知识"分为两类，一类是陈述性知识，另一类是程序性知识。陈述性知识是描述客观事物的特点及关系的知识，又称语义性知识或言语信息，包括符号、概念、命题三种形式，用于回答"是什么"的问题，如"什么是平行四边形"、"首都北京有哪些标志性的建筑"、"运动对健康有哪些益处"等问题。程序性知识则是关于做事的方法和步骤的知识。其中，程序性知识又可分为两个亚类：一类是操纵外部具体事物的程序性知识，也称"操作性知识"，如"如何把 3/4 转换成百分数"、"怎样制作枫叶标本"、"将 I am doing my home work 改写成过去时态"、"阅读一篇文章的程序"等；另一类是调节和控制内部心理操作或知识的程序性知识，也称"元认知知识"，如"对自己自我控制能力的了解"、"调整算法的策略"、"检查计算结果的技巧"、"对任务难度的判断"、"对自己已经掌握的知识的评估"等问题。

2. 认知领域的目标分类

认知领域目标将学习知识和开发智力作为主要任务，布鲁姆等心理学家把认知领域目标按照由低级到高级的顺序划分为以下六个等级：

（1）知识：是指对先前学习过的材料的记忆。如能说出法国的首都。

（2）领会：是指能把握材料的意义，可以借助三种形式来表明对材料的领会、转换、解释、推断。代表最低水平的理解。如解释一张人口密度表。

（3）运用：是指能将习得的材料应用于新的具体情境，包括概念、规则、方法、规律和理论的应用。代表较高水平的理解。如运用地理知识提出沉降地区补充地下水的方案。

（4）分析：是指能将整体材料分解成它的构成成分并理解其组织结构，包括成分分析、关系分析、组织原理分析。如用地理知识分析地下水锐减的原因。

（5）综合：是指能将部分组成一个新的整体，包括进行独特的交流，制定计划或操作步骤，推导出一套抽象关系。如构思生成一篇文章。

（6）评价：是指对材料做出价值判断的能力，包括按照材料的内在或外在标准进行价值判断。如评论某一理论的谬误之处。

3. 知识与技能的关系

从认知心理学的观点来看，我们常说的"知识"是与陈述性知识概念相吻合的，是事物或现象的属性与联系在人脑中的反映；而"技能"则与程序性知识概念相吻合，是操作具体事物的程序和动作在人脑中的反映。在认知心理学中，"技能"同样也被看做是知识的一种类型，虽然在形式和功能上不同，但是知识（即陈述性知识）和技能（即程序性知识）并没有本质的区别，都是客观事物的属性与联系在人脑中的反映，只是需要我们从广义的视角去理解知识的概念。因此，新课程将知识与技能作为一个目标维度也是具有一定道理的。

4. 技能领域的目标分类

动作技能领域将发展学生肌肉力量和协调性作为其基本目标，辛普森把动作技能领域目标划分为七个等级：

（1）知觉：指通过感觉器官觉察客体或关系的过程，借此获得信息以指导动作。它是动作的必要条件而非充分条件，是导致动作的"情景－解释－动作"

连锁中基本的一环，具体包括感觉刺激、线索的选择和转化三个方面。

（2）定向：指为某种稳定的活动做准备，包括心理定向、生理定向和情绪定向三个方面。

（3）有指导的反应：指复杂动作技能学习的早期阶段，通过教师或一套适当的标准可判断其操作的适当性。它包括模仿和试误两个方面。

（4）自动化：指学生的反应已成为习惯，能以某种熟练和自信水平完成动作。这一阶段的学习结果涉及各种形式的操作技能，但动作并不复杂，比如能够用电流表测量电流。

（5）复杂的外显行为：指包含复杂动作模式的熟练动作操作，操作的熟练性是以迅速、连贯、精确和轻松为指标，包括消除不确定性和自动化的操作两个方面。例如能熟练地运用 word 软件给文章进行排版。

（6）适应：指技能的高度发展水平，学生能改变动作以适应新的具体情境的需要，比如将台式电脑换成笔记本电脑，按钮位置发生变化，仍然能够熟练地按指定程序开启电脑。

（7）创新：指根据在动作技能领域中形成的理解力、能力和技能，创造新的动作模式以适合具体情境，例如书画艺术家达到一定高度，自创一派。

实践指导

（一）如何准确设定教学目标

教学目标既是课堂教学的出发点又是课堂教学的最终归宿，作为课堂教学的向导与标尺，它集中体现了教的艺术与学的成效，甚至可以说，教学目标设计得是否合理直接关系到教学的成败。教学目标设计作为教学设计的一个重要组成部分具有导向、调控、激励、评价等诸多功能。正是由于这些功能，教学目标才能规限着课堂教学的进行。华而不实地虚设目标或者不切实际地乱设目标都会导致课堂教学活动的低效与散乱。那么，如何才能准确地预设堂课教学目标呢？需要教师在备课过程中对教材和学生这两维要素有一个准确的解读。

1. 深入挖掘教材

教师在备课过程中要深挖教材，弄清教材中的概念和知识的逻辑结构，把课本中的知识连点成线、连线成面，以便于学生更好地理解，必要时还需广泛查阅资料对现有教材进行补充。在教学目标的设定中要体现科学性、趣味性，能够吸引学生的注意力，寓教于乐。此外，教学目标的设定还应重视整体连续性，不能顾此失彼，东一头，西一头，让学生不知所措。

2. 充分了解学生

设计有针对性的教学目标必须符合学生的现有认知水平和情感体验规律，不能过度超越，随意拔高。了解学生可以从以下两方面入手。

(1) 学生的历时因素

学生的历时因素是指学生在过去一段时间内的学习情况。世界上唯一不变的就是"变"，事物总是处于运动、变化和发展之中的，学生的学习与成长过程同样也是如此。然而这一发展过程是连续的，而不是间断的，学生在过去一段时间内的学习情况往往会对其当下的学习产生影响。因此，教师在备课过程中要分析学生的学习表现，了解学生的原有知识水平、学习态度及学习方式。这些信息既是我们解读学生因素的主要依据，也是进行教学目标设计的重要参照。对学生历时因素的把握既是一个积累的过程，也是一个思考的过程。具备专业素质的教师应该是善于观察、善于思考的教师，应该能够从获得的信息中解读出学生学习状态的前因后果。

(2) 学生的个体差异

课堂教学是面向全体的，而不是面向个人的，然而教师对学生的分析与把握却要具体到每一个人，而不能用共性来替代个性。教学目标的设定在顾全大局的同时，也要兼顾到每一个学生，特别是学生群体的两端——学优生和学困生。在我们的课堂教学中往往存在这样的误区：教师总以为目标的设定要以中等水平的学生为参照，把中等学生作为连接学优生和学困生的桥梁，以为这样能够兼顾两头，实则不然。将中等学生作为教学目标设计的唯一参照，就会使学优生和学困生在课堂教学中被忽略，导致"吃不饱"与"吃不了"现象的发生。一个有效的教学目标应该是"保底，不封顶"。"保底"是教学的最低要求，能够给学困生提供成功的机会，让他们在原有基础上得到提升；"不封顶"是要给学优生创造一个开放的空间，留给他们自主发展。想要教学目标的设计"保底而不封顶"，想要在课堂教学中既兼顾大局又关注个体，就需要教师在备课中认真研读教材，有效分析学情，充分了解学生的个体差异。

（二）如何准确表述教学目标

1. 教学目标表述中所包含的要素

如何清晰而明确地表述课堂教学目标是教学目标设计中必不可少的技术问题，善于科学地设计并准确地表述教学目标是教师专业素质的重要体现，是每一位教师都必须掌握的一项基本功。很多教师在表述教学目标时倾向于使用"使学生"、"教会学生"、"培养学生"等词语，这些表述不仅大而且空洞，这样的目标不是通过一节课的学习就能够实现的。在进行教学目标的表述时，许多教师都会陷入这样的误区：

（1）把教学目的与教学目标混为一谈。例如将教学目标表述成"把学生培养成具有健全人格的人"、"使学生成为社会主义事业的合格接班人"等。教学目标是预期的，是教师通过教学使学生在行为上所发生的变化，可以用"学生学会了什么"来表示；而"目的"一词往往是教育者主观意愿的体现，通常是指国家或社会为实现教育目的，在教学领域给教师提出的一种概括性的要求，是一种理想和愿望，具有指导性，并且它的实现可能需要一个相对较长的时间跨度。

（2）教学目标表述得含糊其辞，难以进行量化和评价。例如"提升学生的英语口语表达能力"、"能够运用所学知识解释日常生活中的具体现象"等。

（3）将教师作为行为的主体，而不是学生。例如"培养学生勤于动脑，善于思考的良好学习习惯"、"丰富学生的知识，拓展学生的视野"等。

那么，如何表述教学目标才能避免陷入误区，同时又做到准确而有效呢?

首先我们需要了解一下教学目标表述中的四个要素。

（1）行为主体

教学目标表述的应该是学生的行为，而不是教师的行为，因此学生才是教学目标的行为主体。将教学目标表述成"教给学生……"或者"帮助学生……"都是不合适的。规范的行为目标应该是"学生能够……"、"学生应该……"。然而在实际的目标表述中，行为主体有时可以省略，但是从逻辑上应该能够判断出主体是学生而不是教师。例如"能够独立复述课文"，这个目标的逻辑主语显然是学生，我们也可以将其还原为"学生能够独立复述课文"。在省略行为主体的情况下，教师一定要在思想上牢记，恰当的教学目标是针对特定的学习者而制定的。

（2）行为动词

在进行教学目标的表述时应采用可观察、可测量的行为动词来进行描述。较为常用的行为动词有"指出"、"说出"、"背诵"、"比较"、"描述"、"绘制"、"说明"、"辨别"等。选用类似的行为动词可使其意义明确、易于观察、便于评价。

（3）行为条件

教学目标需要在表述中指明行为的条件，所谓行为条件是指影响学生产生学习结果的特定的限制或范围等，如"根据地图"、"不依靠工具书"、"在十分钟内"、"利用网络资源"等。对条件的表述包括四种主要类型，一是允许或不允许使用参考资料或辅助手段，如"可以或不可以查阅字典。"二是是否提供信息或提示，如"在世界地图上标出中国的位置"。三是时间的限制，如"在五分钟内完成以下题目的计算"。四是行为完成的情境，如"在小组讨论后，能够给出答案"。

（4）表现程度

表现程度是指学生对目标所达到的表现水准，用以测量学习表现或学习结果所达到的程度。如，"就提供的一道应用题，学生至少能写出二种解题方案"，"通过这一堂课的学习，学生至少能记住四个英语单词"等。表述中的状语部分，便是限定了目标水平的表现程度，以便检测。

例如：

<u>学生</u> <u>能在3分钟内</u> <u>背诵</u>古诗，做到<u>准确、流利</u>。

主体 　　　条件 　　　动词 　　　　　　程度

2．教学目标的表述技术

（1）从学生的行为出发对教学目标进行表述

教学目标是师生通过课堂教学活动所要达到的预期结果或标准，是对学习者通过学习以后将能够做些什么的一种明确而具体的表述，因此教学目标的表述要从学生的行为出发，表述学生的行为结果。一个好的教学目标不仅是教师选择教学方法的依据，同时也是学生提高学习有效性和评估自己学习效果的标尺。例如：

① 通过教学活动，培养学生的想象力和创造性思维……

② 通过教学活动，提高学生的阅读能力……

③ 通过教学活动，使学生爱惜环境，保护生态平衡……

这样的教学目标表述的是教师做什么，而不是学生通过学习达到了什么样的结果。目标行为的主体是教师，而不是学生，犯了用"教学要求"代替"教学目标"的错误。例如：

① 通过学习，能够流利地背诵《水调歌头》。

② 通过学习，能够说出三角形的特点。

③ 通过学习，能够说出白杨树的三项优点。

这样的教学目标才是规范的教学目标，通过这样的教学目标可以使我们一目了然：经过本节课的学习，学生需要在这些方面产生行为上的变化，并且学生可以根据目标来衡量自己的学习是否具有成效，是否达到了老师的要求。

（2）教学目标的表述应力求简洁、具体而明确、具有可操作性和可测量性

传统教学目标的表述中，常使用"认识、理解、掌握、领会、把握、培养"等抽象的词语，这是导致教学目标陈述含糊的一个重要原因。因此，教师在表

述教学目标时，要使用可观察、可测量的行为动词来进行表述，例如"说出、指出、写出、比价、背诵……"等行为动词的使用可以对学生的学习效果做出明确而具体的规定，克服了传统教学目标表述的模糊性。另外，教学目标的表述应力求简洁，让学生能够一目了然。

例如：学习"光合作用"的教学目标可表述为：

① 能够说出光合作用所需要的条件。

② 能够写出光合作用的反应方程式。

（3）在教学目标的表述中要说明学生做出这些行为的具体条件

学生做出这些行为的条件包括完成任务的时间、工具、方式、环境等。例如表述"能够完成 word 排版"这一教学目标时，就要指明是"在教师指导下"，是"独立操作"。表述"能够画一幅田园景象"这一教学目标时，就要指明是"可以临摹"还是"独立创作"。

（4）在教学目标的表述中要说明学习结果应达到的程度

在教学目标的表述中，要指明学生学习结果所应达到的程度，包括熟练程度、准确程度、完整程度等标准，所以其表述常常与"精确到什么程度"、"在多长时间内完成"等问题有关。如"能说出四种原因"、"会用两种方法"、"至少答对十道题目"。

这样的教学目标清晰而具体地向学生传达了教师对学习的要求，使学生的学习具有明确的目的和计划，同时也便于学生对学习效果的自我评价。

（三）教学目标设计中应注意的问题

1. 教学目标要具有系统性与层次性

教学目标是一个系统，包括课程目标、单元目标和课时目标三个层次。教学目标通过逐层具体化，形成一个上下贯通、有机融合的完整体系。每节课的教学目标既是整个教学目标体系中的一个点，同时又在整体教学目标体系中发挥着承上启下的作用。只有处理好局部与整体的关系，才能准确把握每一课的教学目标。

特别需要注意的是，教师在设计和阐述教学目标时，一定要注意教学目标的层次性，并准确地进行分析和描述。纵向上可以从较低层次目标要求开始逐步达到较高层次目标要求，横向上要关照不同学习者在达到目标层次上的个体差异。

2. 教学目标要具有灵活性并突出重点

众所周知，教学要有明确的目标，教师要在目标的要求下不断推进课堂的进程。然而，实际的教学情况却未必与我们所预设的一样。由于学生的学习基础和学习能力存在着差异，课堂中教师应随着交流的展开，根据学生对教材的理解，适时对预设目标作出灵活调整。这就要求教师在备课时要认真钻研，在教材中区分出哪些是最低限的大纲材料，哪些是基本的材料，哪些是加深的材料，然后制定出灵活而富有弹性的、适合更多学生的课堂教学目标。此外在进行目标设计时还要对本节课中的重点、难点、关键点进行权衡，确定教学主导目标，防止由于目标过于分散而影响学习效果。

3. 教学目标要符合学生的认知发展规律

教学目标是课堂教学的起点，也是学生学习的终点。教学目标是教师衡量学生学习效果的标尺，而这一起点与终点之间的跨度是教师在进行目标设定时应着重考虑的问题。目标的设定既不能脱离学生的实际水平，也不能违背学生的学习规律，更不能只依据课标、课本或是教学参考书。教学是为了帮助学生学习，而不仅仅是为了完成教学任务。因此应结合学生实际酌情处理，对于目标难度较大的课程，可将教学目标进一步分解并适当延长课时，以保证学生学习的有效性。

学以致用

题目1：

以下是一位美术老师设计的知识与技能目标，请对其做出评价。

(1) 举例说明广告的形式；

（2）概括广告的目的；

（3）说明文字设计和图文搭配时的一些原则和方法；

（4）概括广告创意的一般思路。

题目2：

以下是一位物理老师设计的《声音的产生与传播》一节的知识与技能目标，你认为该目标设定得如何？理由是什么？

（1）了解声音的产生原理；

（2）掌握声音的传播条件。

第二节　学以致用：过程与方法目标的设计

 情景再现

"渗透"的概念

生物课上在学习"渗透"这一概念时，王老师是这样开展他的课堂教学的：

首先王老师为学生指明了"渗透"的定义，即"渗透"是指液体中水分子通过半透膜进行扩散的现象，溶质梯度造成了水分子颗粒的扩散。接下来，王老师要求学生用鸡蛋来研究在高渗和低渗溶液中增重或减重的比例。王老师启发学生设计实验的思路，并补充了设计实验的基本理论知识。随后，学生分组进行设计实验方案。一开始学生想用生鸡蛋做原料，但是意识到虽然蛋壳能让水进入，但是会阻碍膨胀，该办法不可行。于是又有同学提出用煮熟的鸡蛋去壳，很快也收到了反对意见："生物膜就失去活性了。"

在王老师的启发和帮助下，学生把鸡蛋置于白醋中浸泡72小时，使其去钙化。这样就达到了可膨胀，但并没有改变半透膜的目的。把两个同样去钙后的鸡蛋进行称重并记录下数据，然后分别放在蒸馏水和糖浆水中，每隔10分钟拿出擦干，并记录重量，计算增重或减重的百分比。以上步骤重复多次，最后通过作图得到

明显的增重或减重的曲线图。

最终，小组之间经过分析比较，得出了结论：在低渗溶液（蒸馏水）中，鸡蛋吸水而增重，水看起来没有变化；在高渗溶液（糖浆水）中，鸡蛋失水而减重。学生们在这一次实验中形象地认识了渗透现象，在王老师的帮助下，完成了从设计到实验的过程。

案例点评：

生物学是一门实验科学，学好生物学不能只满足于单纯记忆生物学的基本概念、原理和规律，还需要详细理解、融会贯通。要勤于思考，培养学生发现问题、分析问题和解决问题的能力，要重视学习和体验生物科学研究的过程，从中领会生物科学的研究方法。这样不但有利于学生对课程知识的学习，更有利于适应将来的工作、学习和生活。

通过该案例，我们看到了在"过程与方法"的学习中王老师对学生实验设计能力和创新思维能力的培养。首先，王老师让学生在脑海中构思一套实验设计的框架，留给学生充分的思考空间，让学生的实验设计思想充分表达出来；然后再让学生对各自设计的实验进行相互评价。在王老师的实验课上，我们看到了教师对学生学习的启发性与协助性。常言道："授之鱼，不如授之以渔。"在学习过程中让学生掌握学习的方法，从而获得可持续发展的学习能力，使其受益终身。

理论解析

（一）解读过程与方法目标

《基础教育课程改革纲要（试行）》中明确提出了"知识与技能，过程与方法，情感态度与价值观"的三维教学目标。这是基于现代人的培养目标以及现代教育教学理论提出的以"学生的发展为本"的新课程的核心理念。该理念强调教学评价的重点应放在知识性、过程性和体验性上，使学生在学习的过程中得到充分的优化和发展。知识与能力是教学目标的核心，它通过过程与方法、情感态度与价值观目标的实现过程而最终得以实现；过程与方法则是教学目标的组成部分和课堂教学的操作系统。那么，什么是过程与方法？过程与方法作为教学目标应该如何确定？过程与方法作为教学目标怎样实施才会更加有效？搞清这些问题对于新课程的进一步深化推进将起到一定的积极作用。

1. 谁的"过程与方法"

学习是一个从感知到积累、从知之甚少到逐渐深入理解的过程，同时也是学生主动参与、学会学习的过程。过去人们认为"过程与方法"不过就是教学和学习活动的过程与实施手段。新课程理念则强调"过程与方法"不仅是手段，而且学生要在体验学习过程和运用学习方法的同时掌握"过程与方法"，因此它又是学习的目标。把"过程与方法"作为课程目标提出来，是这次课程改革的一大亮点，体现了新课程"以学生为本位"的教学理念。新课程所强调的"过程与方法"不仅仅是我们通常所说的教学过程，更是学习者思维发展和认知建构的过程，是学生学会学习、学会学科探究的过程。

2. "过程与方法"的涵义

"过程与方法"是指为了实现教学目标，在教师的指导下学生所采用的学习过程和学习方法。我们的教学要在过程中让学生体验知识与技能的形成，在过程中探究学习的方法，寻找解决问题的途径；方法是掌握各类知识与技能的学习方式与策略，通过对方法的领会让学生学会学习、学会反思、学会创造，能对自己的学习过程及其结果进行有效的监控。"过程与方法"中的过程在这里实际上有两层含义，一是指概括的外在学习活动的过程，如资料收集、探究问题、合作学习、小组讨论等；另一层含义是指具体的内在学习思维的过程，如搜集资料的思考过程、探究问题的思维过程、对资料的辨析过程、对观点的评论过程等。多数学者认为"收集资料、探究问题"只是手段和方法，而不是教学目标，"学会如何收集资料"、"学会如何探究问题"才是教学的目的。

总而言之，过程与方法目标指的是学生的学习经历、学习体验和思维方式的变化与发展，及其变化与发展的程度。也就是学习者通过获得知道怎样获得

"知识与技能"的经历，形成一种思维方式的过程。这种思维方式的形成反过来又能促进知识的理解，巩固已获得的"知识与技能"，使学生学会举一反三，培养其知识迁移的实际应用能力。

（二）过程与方法目标的把握

"过程与方法"是三维课程目标得以实现的中介和机制，具有上通下达的特点，实现这个目标关系到整个三维目标的落实。在传统课堂教学中可能存在两种偏向：一是重结果轻过程，二是虽有过程意识，但"过程"展开不充分、不到位。其次"过程与方法"是动态的因素，相对于"知识与技能"更难以评价，也最需要讲求教学的艺术，因此在教学活动中教师难免会有茫然的时候。那么，对于过程与方法目标应该如何理性地把握呢？

1. "知识与技能"是在"过程与方法"中建构的

从理论上说，教学行为是一个事件，而事件展开就是一个过程。教育活动的教育性就贯穿在这个过程之中。学生在各种环境中学习、体验、运用方法，实际上就是学习如何在生存状态中逐步完成由经验到方法论的抽象。"知识"对于不同年龄、不同接受能力的人而言，所能接受和消化的程度是不同的。因此，教师在"过程与方法"中，要把自己确定的知识通过提问等方法去还原知识的不确定性。对学生而言，正是这些不确定性才产生了他们要探究和学习的内容。学生一步一个脚印的探究过程，也就是构建知识的过程。只有经过自己的理解和消化，才能实现对知识与技能的内化。

很多时候，在我们的课堂教学中，教师往往会不自觉地采用我讲你听的"灌输式"教学方法，而学生的任务主要就是一听二记。学生关心的往往是笔记是否记全，课后能否找到复习的依据，唯恐不经意间漏掉一句重点，在考场上后悔莫及。传统教育让学生在知识与技能的数量堆积上取得了优势，与此同时也导致了学生学习能力的丧失。学生们所汲取的是教师嚼碎了以后"喂"给他们的知识，而不是经过自己的探索与领悟后所收获的体验。在这样的教育体制中，学生对学习的兴趣必然会被抹杀，学生的学习与探究能力也必然得不到发展。

2. 在"过程与方法"中培养学生的知识建构能力

新课程着眼于学生的可持续发展，注重学生学习能力和终身学习意识的养成，强调在"过程与方法"中引导学生进行知识建构。其实质就是鼓励师生的共同学习，减少课堂运行的被动与盲目，让教师从课堂教学的主导者回归到学生学习的引导者。

那么，在教学过程中如何实现这个建构的过程呢？在新课程理念中，方法目标涵盖了教师与学生两个方面，强调的是学生对学习方法的学习与掌握，强调让学生学会学习，使学生在获得知识的同时体会过程、掌握方法，从而发展能力、获得经验。注重过程与方法，就是重视学生在探索新知识时的经历、思考，以及获得新知识时的感悟与体验，就是重视学生实践能力与创造能力的培养和思维品质的锻炼与提升，就是重视个体意志的丰富与发展。把"过程"列为教育目标，就是要从根本上克服课堂教学"目中无人"的现象，突出学生的主体性，重视差异性，关注学习个体在学习过程中的认知状态、心理情绪等因素，发展个性，培养能力，树立"过程观"也就是树立新的学习质量观和新的教学质量观。具体说来，一是要在教学过程设计中让学生了解相关知识形成的过程与方法，即让学生了解知识的来源、规律、特点等，这样有利于学生透过现象、了解本源，从而更好地掌握知识并培养相应的技能。二是要注意让学生掌握获取相关知识、培养相关技能的过程与方法，即通过关注学习的过程、方式、手段、途径等来掌握学习策略，从而达到"会学"的目的。

实践指导

（一）"过程与方法"目标的确定原则

1. 精心创设探究问题的过程和体验

英国哲学家普尔认为："科学和知识的增长永远始于问题，终于问题——越来越深化的问题，越来越启发新问题的问题。"爱因斯坦也强调："发现问题和系统阐述问题可能比得到解答更为重要。"一部科学发展史，就是奥秘的探索与对问题的解答史。牛顿发现万有引力，始于他在苹果树下的思索："为什么苹果从树上掉下来，而不是飞到天上去？"蒸汽机的发明源于瓦特的简单思考："为什么开水能把壶盖顶起来？"也正是有了莱特兄弟"人能否插上翅膀，像鸟一样在天空中飞翔"的奇思妙想，才实现了人类翱翔蓝天的梦想。教育不是对知识的复制粘贴，而是对知识的安装与激活。课堂教学想要实现教育的真正价值，需要教师为学生创设探究问题的过程与体验。

（1）备课标

教师在设计教案之前，要认真研读课程标准，掌握教学目标，明确所要讲授的内容在整个知识体系中的地位和作用。只有备好课标，才能构建好课堂教学的整体框架。教学目标的设计要体现"知识与技能、过程与方法、情感态度与价值观"三个维度的整合，要本着"一切为了学生发展"的宗旨，确定与学生实际学习水平相符合的教学目标。

（2）备教材

在备课中，教师首先要通读教材，从整体上把握教材的知识体系，理解编者的意图，把握教材的特点，做到心中有数。从整体上认识教材，有助于教师把握构成体系的各个部分，明确各部分内容之间的联系，明确每部分的地位和作用。教师在通读教材的基础上，还要进一步理解、咀嚼和消化，使其内化为自己的知识。此外，教师在备课的过程中还应注重对重点、难点和关键点的把握。一般来说，重点是对教材而言的，难点是对学生而言的，关键点是对学生构建知识体系而言的。我们提倡教师将教材与学生相结合，大胆地尝试，灵活创新。

（3）备学生

①备学生需要备些什么？

学生是教学的对象，是教学效果的最终体现，因此教师备课不仅要备教材，还要备学生。所谓备学生，即深入了解学生的实际情况，把握学生的学习准备状态。教师只有密切关注学生的状态和差异，教学才会具有针对性，才能收到事半功倍的效果。了解学生涉及到学生的知识基础、理解能力、学习状态等方方面面。

了解学生的方法也是多种多样的，例如可以通过历年教学经验的积累以及批改作业、与学生交谈辅导、考试测验、课堂提问等途径，及时收集学生的反馈，这些都是实践中较为有效的方法。

备学生不仅要关注学生的状态，还要尊重学生的个体差异。对学生个体差异的尊重主要体现在：首先，教师头脑中要始终有学生的个体差异意识，这样在备课时才会构思；其次，教师要设计分层教学教案，把学生的差异性发展放在第一位；第三，教学时教师必须让学生找到自己的"位置"，让不同的学生有不同的发展，在分层次教学中让学生各得其所；第四，开展有针对性的实践活动，让学生不断获得成功的体验，享受到成功的喜悦，同时也体现学生的自身价值，从而产生良性循环。

②学生需要什么样的课堂？

曾有研究者针对"学生需要什么样的课堂"这一问题进行调查，结果显示：

第一，学生在课堂上最快乐的事是交流。对学生而言，交流意味着心态的开放、主体性的凸现、个性的彰显、创造性的释放。只有在这样的教学情境中，学生已有的经验才能得到激活和提升，在主体之间才能实现意义的相互建构，学生的生活里才会融入新的价值。学生获得的不仅是知识，更是一种精神的享受。

第二，学生在课堂上最感兴趣的内容是新奇而富有挑战的。人生本来就有一种探究的本能，猎奇是学生的本性。提出对学生构成困难的、具有挑战性的问题，正切合学生的心理需要。只有那些处于"最近发展区"的、经过跳跃可以摘到"果子"的，学生才有摘取的兴趣。

第三，学生在课堂上最喜欢的学习方式是自主学习。"老师讲，学生听"的方式不受学生欢迎，学生渴望自由，乐于用各自不同的方式解决自己想要解决的问题。课堂教学设计要面向学生，适应学生。课堂是学生的，学生的需要才是真正的需要。

第四，学生对未来课堂的向往是"在线学习"。信息技术的普及以及与学科课程的结合，使得课堂教学面貌发生巨大变化。打破课堂的时空局限，让课堂教学变得更加开放和丰富多彩。

（4）备课要体现预设与生成的统一

只有课前精心预设，才能在课堂上动态生成，用智慧将教学演绎得更加精彩，因此备课中教师要把握预设与生成的内在联系。所谓"预设"就是根据教学目标和学生的学习需要，在掌握学生已有知识水平的基础上，以多种形式有目的、有计划地设计教育活动。所谓"生成"是指师生依据学生的兴趣、经验和需要，在与环境交互作用中进行有效的动态性调整，以引导学生生动、活泼、主动地进行新知识的探究活动。在生成中，教师要为学生创设良好的心理环境和物理环境，关注、支持、引发学生的主动探索和交往的欲望，满足他们自主活动、自发学习的需要。当发现孩子有了真正感兴趣而且有价值的事物或现象时，教师应大胆打破原来的计划，调整教学活动内容。当发现原定的活动时间、进度不符合实际情况时，教师不要拘泥于原定计划，可以顺应事情的自然发展，因势利导。如美术课上，老师要教孩子画花，一个学生在花盆里摘了一朵花给老师。老师没有批评他，而是拿这朵花作示范，教学生怎样观察花、怎样画花。随后老师告诉小朋友，花妈妈看见自己的孩子被折断了腿，会非常伤心的，花孩子也非常痛苦，不久将会死去。结果小朋友在课堂上受到了情感教育，画了一幅花妈妈拥抱花孩子的画。正是由于该教师对预设的教学内容和流程进行了及时的调整，利用教学机智顺势而导，才有了真正的"生成"。

（5）备教法、学法、教学语言

埃德加·富尔在《学会生存》一书中指出："未来的文盲不再是不识字的人，而是没有学会怎样学习的人。"教会学生学习已成为当今世界流行的口号。我国著名教育家陶行知先生早就指出："我们认为好的先生不是教书，不是教学生，乃是教学生学。"由此看来，采用灵活多样的教学方法，培养学生良好的学习习惯是教师在备课时必须认真思考的问题。在备课时，教师应特别注意教学的语言艺术，考虑教学语言的设计，包括兴趣激发、知识传授、学习指导、知识拓展、教学评价等各个方面。

(6) 备教学反思

提到有效备课，大多数人都会想到教学目标的设置、教材考纲的分析、重点难点的突破等问题。而要想使上述内容能够在备课过程中顺利完成，离不开教学反思。美国心理学家波斯纳曾提出教师成长的公式：成长＝经验＋反思。可见反思在教学活动中的重要作用。通过反思对自己的备课进行修正，再实践，再反思，再超越，再升华，每一次循环都会有新的感悟，每一次感悟都会有新的提高。备课中的教学反思可以从以下几个方面着手：

①已有的知识体系在哪些方面存在不足，今后有待完善；本节课有哪些闪光点，今后可以发扬；

②学生在课堂学习中的得与失；

③对新课标的理解是否存在偏差；

④对教材的解读以及对重点、难点及教学目标的设计是否恰当；

⑤教学过程设计是否合理；

⑥学生对本课知识点的掌握程度，重点与难点的突破效果如何。

2. 避免在方法与手段上陷入误区

(1) 教学方法上的误区

为了突破传统课堂教学的死板，很多教师走上了课堂表演的极端。目前课堂教学在教学方法上的误区突出表现在课堂教学过分"热闹"。有的教师热衷于"表演法"，课堂看似十分"热闹"，学生积极参与，但实际上却存在很多问题：一是表演的内容不合适，对没有意义的内容进行表演，浪费了课堂宝贵的时间。二是表演时间过长，没有留给学生充分思考的时间。三是表演中角色的定位与成型使绝大部分学生处于观众的角色，从而使"调动全体学生参与的积极性"成为一句空话。四是表演极易忽视教师的指导，使课堂教学的质量难以保证。

（2）教学手段上的误区

目前课堂教学在教学手段上的误区突出表现在课堂教学过分依赖于多媒体。多媒体教学是一种先进的教学手段，对教学来说，往往会起到事半功倍的效果，对于教师来说，多媒体教学的运用更是评价其一堂课教学成败的重要标准之一。因此，在今天的课堂上，多媒体教学的运用已经比比皆是。但是多媒体教学也存在着一定的弊端：第一，有可能分散学生的注意力，导致教学中学生的分心。第二，有可能使学生理解知识的速度跟不上教学速度，从而使学生无法完全掌握知识。第三，有可能强化教师在教学中的主导地位，淡化学生在教学中的地位。第四，不排除有些教师照着多媒体课件一念就是一节课，完全忽略学生的感受，缺少了与学生的交流和互动。

3. 结合实际，选择适当的"过程与方法"

教师在教学设计时必须选择科学化、合理化、多样化的教学方式，而不同的教学方式决定着不同的学习方式。巴班斯基认为："有关最优化地综合运用各种方法的概念永远是具体的（不是包罗万象的），那些对于一些条件来说是很成功的、有效的方法，对另一些条件、另一些专题、另一种学习形式来说就可能是不适应的。"例如"讲授法"是一种最传统、最基本的教学方式，在新课程背景下，这种方式仍然有它的特点和优点，在一些概念或知识难点学习时，"讲授法"往往能收到事半功倍的效果。因此，在进行教学设计与方法选择时，教师必须充分考虑到教学内容、教学对象、教学环境以及教师自身素质等综合因素，实事求是、科学地取舍各种教学方法，而不能一味地"标新立异"，因为"教学有法，但无定法，贵在得法"。

（二）过程与方法目标的设计要求

1. 体现师生沟通与民主合作

课程的改革同样对学生的学习模式提出了新的要求。新课程倡导自主合作的探究式学习，要求教师转变教学模式，从居高临下走到学生中来，与学生平等对话，平等交流，打破由教师控制教学活动的那种沉闷和严肃，取而代之的是师生之间共同发展的民主与真诚。因而，教师的职能不再仅仅是传递知识、训导学生，而要更多地去激励学生、帮助学生；师生之间的关系不再是仅仅以知识传递为纽带，还要以情感的沟通和交流为桥梁；教师的作用不再是去填满水桶，而是要点燃火炬。因而，构建和谐平等的新型师生关系、实现课堂的民主沟通不仅有利于学生主体精神的发挥和人格的完善，而且有利于学生积极、主动的学习习惯的养成。

2. 感受多样化的学习方式

结合教育心理学知识，我们可以将学习方式分为接受学习、发现学习、集体学习、合作学习、个别学习、研究性学习、自主学习、网络学习等。新课程倡导自主、探究与合作的学习方式，注重对学习的体验、感悟和反思。培养学生主动参与、乐于探究、勤于动手的独立性、自主性和创造性，培养学生收集和处理信息的能力、获取新知识的能力、分析和解决问题的能力以及团结协作的能力，这是新课程改革的核心内容之一。

如何在教学中实现知识学习的多样化？一方面教师要结合学科教学对学生进行学习方法的指导，改变学生的学习方式，使学习过程变成学生不断提出问题、解决问题的探索过程，培养学的质疑品质和探究精神。另一方面教师要训练学生学会感悟与反思，善于总结和发现哪些学习习惯和思维方式是高效的，哪些是低效甚至是无效的，从而学会学习方法的选择与运用，发现学习规律，形成良好习惯，掌握学习策略，培养学习能力。

3. 关注生活，注重体验

知识源于生活，指导生活。将学生的个人知识和生活经验看成重要的教学资源应该说是新课程改革的一项突破。这一理念强调了教学过程设计的活动性和操作性，强调了考察、调研和探究的重要意义，关注了学生的学习兴趣和经验，实现了知识学习与能力培养的统一。此外，注重学生的学习体验同样也是新课程学习方式的突出特性。新的教学理念倡导学生用自己的眼睛去看，用自己的嘴巴去说，用自己的耳朵去听，用自己的身体去经历，用自己的心灵去感悟。这不仅是理解知识的需要，更是激发学生生命活力、促进学生生命成长的需要。留给学生自主活动的时间和空间，鼓励学生积极思考、敢于质疑、大胆提问，使学生在主动思考和探究的过程中培养其独立自主解决问题的能力。

4．创设情境，注重融合

新课程把问题看作是学习的动力、起点和贯穿于学习过程的主线，把学习过程看成是发现问题、提出问题、分析问题和解决问题的过程。教师要注重启发与诱导，善于运用发现法、情境法、暗示法、讨论法、点拨法等教学方法，把兴趣转化为渴求知识的强烈欲望，引导学生反思和体验问题的思考过程和解决过程，注重学生问题意识的形成和培养。因此，精心创设问题情景、激发学生的学习兴趣是实现"过程与方法"目标的前提条件。

知识的获得既是一种结果又是一种过程，无论是新知识的学习还是已有知识的掌握都离不开人的积极参与，离不开认知主体的活动。过程与方法贯穿于知识与技能、情感态度与价值观形成的全过程。离开了过程与方法，学生的学习也就失去了主动性，成为了一种机械的知识传授。没有了学习过程中的交往、探究与合作，自然也就窒息了人的创造性，更谈不上对学生情感态度与价值观的培养。因此，教学是三维目标的融合，而不是某一个单维目标的独唱。

5. 从"设计教学"走向"设计学习"

课堂教学，"教"是条件，"学"是关键。教师要改变传统教学模式，变"带着知识走向学生"为"带着学生走向知识"，因此备课中教师也要由"设计教学"走向"设计学习"。从关注"这节课我讲了多少"转变到"这堂课学生收获了多少"，实现学习从记忆型、勤奋型向智慧型、效益型的转变。

 学以致用

孟老师的尴尬

历史课上，孟老师在讲夏朝历史时说了这样一段话："同学们，你们发现没有，

现在我们说年代开始于约公元前 2070 年，而在我上学的时候还没有确切纪年，那时候一般都称公元前 21 世纪。后来国家大量投资，进行夏商周断代工程的建设，才有了现在的年代。"

这时候，一个同学举手说："老师，我认为国家投资搞那么遥远朝代的断代工程没有任何意义。"

该同学的这番话让孟老师看似有些"尴尬"，于是孟老师果断地说了一句："这个问题很复杂，咱们课后再讨论吧。"

问题：

1. 你的教学生涯中是否也遇见过类似于孟老师的尴尬，如果有，你是如何应对的？

第三节　人格塑造：情感、态度、价值观目标的设计

 情景再现

面对屈辱的历史，我们应该怎么办？

一位历史教师在讲八国联军侵华这段历史的时候，让学生观看有关八国联军侵略时的录像资料，还展示了因此而流落到海外的一些国宝文物的图片。影片放完以后，群情激愤，教师问大家看了影片以后有什么感想，我们又应该怎样去对待这些曾经在侵华历史上犯下滔天罪行的国家呢？接着有的学生喊出："去那些国家把我们的国宝抢回来，也放火烧他们的宫殿！"

可以理解中学生的认识水平还停留在"以牙还牙，以仇报仇"的层面上，如何让学生在自己的情感态度当中做出理性的选择呢？这位教师是这样问学生的："假设现在你们将要做的事情就是带着最先进的武器，跨过大西洋，来到那些曾经入侵中国的国家，攻入了他们的首都，没有人可以阻挡你们，你们可以干自己想要干的事情，你们会怎么做？"

同学们开始议论开来，"我要把中国的国宝找到拿回来！""我要把他们的博物都烧掉！""我要把那些值钱的东西都带走！"

教师又说道："好的，你们要做的事情都做到了，等大家离开的时候，你们身后的城市变成了一片火海，老人、妇女在火海中惨叫，无数的人倒在你们的枪口下了。有人见证了这样的时刻，并记录下来，等孩子们长大后再给他们看。他们看后的反应和现在你们的情绪一样，或许不久以后，战争和悲剧又一次重演了，或许我们的星球就因为这样的战争而最终走向灭亡了。那么大家觉得你们今天的选择正确吗？"

教室里很快平静下来，过了一会，有人说："那样我们岂不是就成了帝国主义了？"真是一语道破天机。最后大家讨论，到底应该怎样对待那些侵略者呢？同学们得出了两种意见：一是发扬中华民族崇尚和平友好的传统，用和平的方式解决历史遗留问题，友好相处，共同发展。另一种是要努力学习科学文化知识，建设更加强大的社会主义国家，这样才能最终避免历史悲剧的重演。在历史老师的正确引导下，既完成了本节课的知识目标，同时又使学生的情感、态度及价值观得到了进一步的提升。

（选自互联网）

案例点评：

《基础课程标准》提出课堂教学要落实三维教学目标，即知识技能、过程与方法，情感、态度与价值观的三维教学目标。在讲授知识的同时要渗透情感、态度与价值观的教育，使教学过程不仅是一个完成知识学习的过程，还成为一个蕴含着丰富情感、人生哲理的教育性的动态过程。使学生在学得知识的同时学会做人，养成健康的心理素质、高尚的审美情趣和科学的世界观、人生观、价值观，成为有理想、有道德、有文化、有纪律的一代新人。这一教育理念充分体现了教育提升人的生命价值、注重人的精神培育的终结目标。上面的这则案例恰好体现了新课程的情感、态度与价值观目标在历史教学中的具体实施。

在当前的教育教学过程中，许多教师都把研究的重心放在认知技能目标的制定和实施上，虽然在思想上能够认识到情感、态度与价值观目标的重要性，但是却感到很难使其在教学过程中落到实处。情感、态度与价值观作为一个人对待事物的最基本看法与倾向性，对人的行为具有很强的导向与制约作用，对人一生的发展来说，其意义更加深远。新课程把情感与认知目标并列提出，反映出新课程改革关注人的发展、关注生命的价值取向。因此，准确把握情感、态度与价值观目标的类型、特点及表述方式，有助于教师更好地落实新课程的"三维目标"。

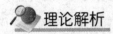 **理论解析**

（一）情感、态度与价值观的内涵及主要内容

1. 情感、态度与价值观的内涵

情感是指人脑对客观现实与个人需要之间关系的一种反映，是对客观事物是否满足自己需要而产生的主观体验。新课程中的情感不仅指学习热情和学习兴趣，还包括爱、快乐、审美情趣等丰富的内心体验。态度是指对某一客观事物所持的评价和行为倾向，新课程中的态度不仅指学习态度和对学习的责任，还包括乐观的生活态度，求实的科学态度，宽容的人生态度等。价值观不仅强调个人价值，更强调个人价值与社会价值的统一；不仅强调科学的价值，更强调科学价值与人文价值的统一；不仅强调人类的价值，更强调人类价值与自然价值的统一，从而使学生从内心确立起对真、善、美的价值追求及人与自然和谐可持续发展的理念。

2. 布卢姆的情感教育目标及其分类

长久以来，情感一直是教育界、心理界的关注对象。由于情感教育目标相对于认知和动作技能目标来说更内在、更复杂，并表现为多因素、多层次。为便于教育者把握，美国教育心理学家布卢姆根据情感内化的不同程度，将情感领域的目标由低到高、态度从轻微持有和不稳定到受到高度评价且稳定划分为五个等级。

（1）注意。它是内化的初级水平，学生愿意接受，能有目的地接受所要注意的事物。这一级可分为觉察、愿意接受、控制或选择的接受三个亚层次。

（2）反应。它是指学生主动参与并作出反应，表现出某种兴趣爱好及反应后的满足。这一级又可分解为按指令反应、积极地反应、愉快地反应。

（3）价值倾向。它是指学生能将价值准则与自己的行为或与某种现象、事物、对象相联系，表现出一定的态度。它具有稳定性和清晰性，通常还会表现出热情和愉悦。

（4）组织（价值体系化）。它是指学生能将各种价值标准加以分析比较和系统化，建立起内在一致的价值体系，并对之进行判断。此时，学生已开始形成人生观，从而达到了较高水平的价值内化。

（5）性格化。它是指学生通过长期的情感内化，不断有目的地控制自己的行为，使价值标准成为自己性格中重要且稳定的组成部分，进而确定人生观和世界观。性格化是最高水平的价值内化。

3．情感、态度与价值观教学目标水平

我国学者对情感、态度与价值观学习目标的水平进行研究，提出以下五个层次的水平（如图所示），教师在备课过程中应根据学生年龄的特点、教学内容、教学要求的不同来设计不同层次的情感、态度与价值观教学目标。

情感领域学习水平分类

学习水平	具体行为
接受	1.在适当的环境中注意对象的存在
	2.给予机会时能有意地注意对象
	3.集中注意教师的讲解或演示
思考	1.能遵照教师指示做出系统动作
	2.能主动思考问题
兴趣	1.有深入研究的意愿
	2.愉快地从事活动
	3.长时间兴致勃勃地从事活动

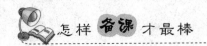

热爱	1.关心对象的存在价值
	2.价值内化为坚定的信念
品格形成	用价值观指导自己的行为

（二）情感对认知的影响

朱小蔓曾在《教育的问题与挑战——思想的回应》中说过这样一段话："教育应把人的发展、提升看作是重要的教育目标，而关注人的情感发展是教育中的一个本源性、根基性的问题。因为只有情感才是真正属于个体的，它是内在、独特的，是人类真实意义的表达。"追求学生的认知发展一直是教育的重要目标，以至于在现实教育中时有为追求认知目标而忽视或放弃情感教育的现象出现。事实上，学习是认知与情感相互作用的有意识活动，情感决定着学生的学习意愿，而意愿又是学习活动的内在动机与直接诱因。情感对于认知的影响主要体现在以下几个方面。

1. 情感影响认知选择

情感具有选择功能，即情感具有影响一个人对客体选择倾向的效能。例如，一个人在图书馆选择图书的时候，往往会不由自主地把注意力指向自己感兴趣的书目上，这时情感就发挥了对认知活动的选择性调控作用。情感的选择功能在教学中体现在，学生会把更多的时间和精力放在自己感兴趣的学科上，会在上课时把更多的注意力集中在有兴趣的内容上。很多学生的偏科问题，在某种程度上就是由于情感的选择功能所导致的。

2. 情感能提高认知的积极性

情感具有动力功能，即情感对一个人的行为活动具有增加或减弱的效能。在同样的学习条件下，要达到同样的学习目标、完成同样的学习任务，一个处于良好情绪状态的学生会更多地表现出学习的自觉性、主动性和克服困难、应对挫折的勇气和力量，而一个处于不良情绪状态中的学生则会明显缺乏这种积极性的表现。例如一个对英语学习及其厌烦的学生，一上英语课，甚至一看到英语老师就头疼，那么他在英语课上往往难以集中注意力，只能被迫性地记忆一些单词而无法将外语学习主动深入下去。

3. 情感促进认知优化

情感具有调节功能，即情感具有影响一个人对认知操作活动的组织或瓦解的效能。情感是各种非智力因素中一个直接影响智力因素的心理因素，它能直接打开非智力因素和智力因素之间的通道，对学生的认知操作活动施予直接影响。适宜的情绪、情感能够为学生认知活动的进行提供良好的保障，而不适宜的情绪则会直接影响、干扰乃至破坏学生的认知活动。这就是为什么学生在情绪状态极好的情况下会出现认知能力超水平发挥的现象。

4. 情感促进认知深化

在认知活动的初级阶段，个体只在初级水平上对认知对象进行加工，形成对认知对象的表面认识。随着认知活动的进一步深入，积极情感会促使个体更多地表现出对认知操作本身的优化、对认知加工的创造性发挥、对认知策略的掌握以及对认知对象更为本质的剖析。要教会学生学会学习、搞好学习，在教学过程中就主要体现为教会学生掌握认知策略。而认知策略的掌握是以学习兴趣为前提的，即只有在学生具有学习兴趣的条件下，才能掌握认知策略或学习方法，从而使认知得以深化。

5. 情感有利于认知内化

情感具有疏导功能，即情感有提高或降低个人对他人言行接受程度的效能。心理学研究发现，一个人接受他人言行时的情绪状态、对他人言行的感情表现以及个人与他人之间的情感关系，都会影响到对他人言行的接受程度。这一功能一旦在教学中发挥作用，就会直接影响教学认知内容的内化。

6. 情感增进认知传递

情感具有信号功能，即一个人的情感能够通过表情外显而具有信息传递的效能。这样表情就与言语相似，具有了传递信息的作用。同时较言语而言，表情的感觉更真实、表达更丰富，更能增强言语表现力、生动性，在某种情况下甚至能替代、超越言语而发挥信息传递的作用。

实践指导

（一）情感、态度与价值观目标的设定方法

1. 情感、态度与价值观教学目标的编写

情感、态度与价值观由于其具有内隐性、不确定性、随机生成性特点，因此在我们设计教学目标时，情感、态度与价值观目标的表述是一个难点。情感、态度与价值观目标是我们在实施教学时的一个"靶子"，"靶子"树立得好不好关系到教学的成败。新课程标准关于教学目标的陈述基本方式有两大类：一类是采用结果性目标方式，即明确告诉人们学生的学习结果是什么，另一类是采用体验性或表现性目标的方式，即描述学生的心理感受、体验或明确安排学生表现的机会。

（1）内部过程与外显行为相结合的目标表述法

内部过程与外显行为相结合的目标表述法是指将内部心理过程与外显行为结合起来表述目标的方法。内部过程与外显行为相结合的目标表述法既保留了行为目标表述的优点，又避免其忽略内心变化的缺点，是用于情感态度目标表述的比较合适的方法。内部过程与外显行为相结合的目标表述法可以分两步来进行，先用描述内部过程的术语来表述一般性学习目标，以反映理解、运用、分析、创造、欣赏、热爱、尊重等内在的心理变化，然后列举反映这些内在变化的例子来表述具体性目标，使内在心理变化可以观察和测量。

例1：自然课中的情感目标"热爱美丽的大自然"可表述为：

①学生能够以愉快的心情认真地观看大自然的图片；

②走进大自然，亲近大自然。

例2："树立构建和谐社会的观点"的教育目标可表述为：

①能说出和谐发展的大概意思；

②能运用所学的知识批评现实中破坏和谐的思想和行为；

③能够提供不符合和谐发展思想的例子，能够指出这些例子并作出批评和评述。

编写情感教学目标可供选用的动词

教学目标层次	特征	可参考选用的动词
接受或注意	愿意注意某件事或活动	听讲、知道、看出、注意、选择、接受、赞同、容忍
反应	乐意以某种方式加入某事	表述、回答、完成、选择、列举、遵守、记录、听从、称赞、欢呼、表现、帮助
评价	对现象或行为作价值判断、追求某事，表现出一定的坚定性	接受、承认、参加、完成、决定、影响、支持、辩论、论证、差别、区别、解释、评价、继续
组织	把许多不同的价值标准组成一个体系，建立重要的和一般的价值	讨论、组织、判断、确定、建立、选择、比较、下定义、系统阐述、权衡、选择、制定计划、决定
价值体系的性格化	价值内化形成个性化的价值体系	修正、改变、接受、判断、拒绝、相信、继续、解决、贯彻、要求、抵制、正视

（2）表现性目标表述法

表现性目标表述法指学生在具体的教育情境和教育活动中的个性化表现，表述目标时只描述学习者在活动中应表现出来的行为和态度，但不提出可测量的学习结果，主要用于表述长期才能实现的情感、能力方面的目标或无须结果化的目标。使用表现性目标表述法提倡教师只指明学生需要从事的学习任务是什么，应参加的活动是什么，但是不提出整齐划一的全体学生要达到的行为标准，不精确规定每个学生应从这些活动中习得什么，追求每个学生学习结果的个性化表现，例如"周末和父亲去野外郊游，谈一谈发生在你们郊游中的最有趣的几件事"，"选择一本自己喜爱的书，分享时说出自己的四个观点"，这样的目标并不统一规定活动结束后学生能够做些什么，而是留给他们充分发挥的个性化空间。

实质上表现性目标的意义在于给学生规定一个主题或大体方向，使学生围绕这一主题进行知识与技能的运用和拓展，使学生从中获得个人的体验和成长。表现性目标不像行为目标那样追求学习结果与预定的目标一致，而是重视学生的自主体验和感悟的差异性，让学生有创造性、个性化的表现。在教学中教师可以结合以上两种方法对新课程三维目标进行综合表述。例如，科学课中"培养学生认真严谨的科学态度"可以这样来表述：在实验时能够认真观察和操作，遵循仪器的使用规则，能根据自己观察到的现象对其进行合理的解释说明。再例如，"学习重量、密度与体积的关系"的基本目标可表述如下：

目标 1：理解什么是密度、什么是体积。

目标 2：通过实验测一测，算一算，寻找测量物体重量的方法。

目标 3：能够根据密度与体积测算物体的重量，并推导出重量的计算公式。

上述目标不仅包含知识、技能目标（理解、测算、估算），还包括了过程与方法目标（测一测、算一算）和情感、态度与价值观目标（独立思考，善于发现）。

（二）情感、态度与价值观教学目标设计的原则

1. 教学目标要具有可测性、层次性与差异性

为了使课堂教学与评价反思顺利进行，情感、态度与价值观教学目标作为教学目标的重要组成部分，同样也应该遵循可测性与具体性的原则，使教学目标真正成为教学效果评价的准绳。

情感、态度与价值观目标的层次性是指不同年龄层次的学生，其情感、态度与价值观目标的设计是应该有差别的。例如，在小学和初中阶段，都应该树立"文明守纪"思想，但是在小学阶段，可能更多地体现在"学生能够知道什么样的行为是文明守纪的行为，什么样的行为是违反规定的行为"；而在初中阶段，则更多地体现在"学生能够针对某一行为，对其加以评论并阐述理由"。

情感、态度与价值观目标的差异性是指同一年龄层次的学生也不尽相同，而是有着个体差异的，教师应该针对具体的情况制定相应的情感、态度与价值观目标。

2.目标设计中应注意学科区别

在我们的日常学科教学中，情感、态度与价值观目标的实现常常以一种隐性状态隐含在平时的学习过程与方法的运用之中；而在思想品德课程中，它便一跃成为显性的教学目标。因此，教师应根据学科性质的不同、教学内容的不同有针对性地设计情感、态度与价值观目标。例如，思想品德课程的教学目标设计应注重对学生的爱国主义教育、理想信念教育、积极的人生态度教育、传统美德教育、挫折教育、热爱自然、保护环境教育等；人文学科课程的教学目标设计应注重挖掘教学内容中蕴含的情感因素进行教育；自然科学课程的教学目标设计应着重培养学生科学的思维方式、实事求是的科学态度，引导学生探讨人生信念、价值观念在科学探索中的意义等，使其内化成为具有个性倾向的情感、态度和价值观。

3.目标设计中应注意建立科学的评价机制

学生情感、态度的变化不是通过一两次教育或参加一两次学习活动就能收到立竿见影效果的。学生的情感教育与积极人生观、价值观的塑造是一项长期而艰巨的任务，需要教师保持一份持之以恒的心态，切忌急于求成。

情感教育的特殊性决定了情感目标评价机制的特殊性。与知识技能和过程方法相比，情感更具有内隐的特点，更难以用量化的方式进行准确客观的描述，因而给评价带来很大的困难。教师在对学生情感、态度与价值观目标的评价上要注意过程和结果的统一，宜使用开放式的质性评价方式，如观察、访谈、问卷、研讨、情境测验、成长记录等。教师要关注学生的过程参与、情绪体验、交流互动，充分体现生态体验教育的理念，在注重核心知识考察的同时，注重内心感受、情感流露和表达的评价意义及行动策略的评价，发挥评价的诊断、激励和发展的功能。事实上，我们在教育教学中，对情感态度进行评价不是为了甄别，而是为了促进学生更全面地发展。

（三）情感、态度与价值观目标设计中的难题

据《教育大词典》的定义，"情感"是人脑对客观现实与个人需要之间关系的一种反映，是对客观事物是否符合自己需要而产生的主观体验。"态度"是指在一定情境下，个体对人、物或事件，以特定方式进行反应的一种心理倾向，由认知成分、情感成分和行为成分构成。"价值观"是指个体看待客观事物及评价自己的重要性或社会主义所依据的观念系统。可见，情感、态度、价值观是学生个人的、内隐的心理特征，既有显著的隐蔽性，又有较大的差异性。情感、态度、价值观的这些特点给教学目标设计带来了一定的困难。

（1）难以用外显的行为动词描述内心世界

根据教学目标设计的原则，教学目标的设计应该尽量用外显的、可测量的行为动词进行描述。但情感、态度、价值观本身具有内隐性的特点，是学生个人的体验与感受，是只可意会不可言传的，具有缄默性，难以用外显的行为动词描述。由此可见，情感、态度、价值观的内隐性特点与教学目标设计的可测性原则之间存在着一定的矛盾。

（2）情感、态度、价值观目标的设计难以体现层次性

情感、态度、价值观所包含的层次较多，较为复杂和微妙。根据布卢姆的教育目标分类学，情感、态度、价值观领域的目标可分为五个层次，即接受、反应、价值倾向、价值体系化、性格化。但是在目标的设计之中，很难用精确又贴切的外显行为动词描述具体的层次。

（3）情感、态度、价值观目标的设计难以实现全面、统一

情感、态度、价值观具有十分丰富的内涵，对学生情感、态度、价值观的培养不能等同于思想政治教育。然而，在教学实践中，由于一些客观与主观方面的原因，教师很可能把情感、态度、价值观培养与思想教育画等号，甚至把对学生情感、态度、价值观的培养任务规划于思想品德的范畴。理念与理解上的误区很容易导致教师在设计情感、态度、价值观目标时有失偏颇。

（四）教学中情感、态度、价值观目标的达成

1. 夯实教学目标，培养学生的情感、态度、价值观

课堂教学目标的设计是课堂教学设计的核心，决定着整个课堂教学设计的方向、过程及结果评估，直接关系到课堂教学的成败与学生的发展。想要科学有效地落实课堂教学目标，首先要求教师在备课中要以学生为本，尊重学生，关爱学生，注重学生的个体情感差异，从实际出发制定适宜学生发展的情感目标。其次，教学目标的设计要具有可操作性，只有这样情感、态度、价值观目标才便于教师操作，有利于学生付诸行动。

2. 转变教学模式，倡导个性体验，激活学生情感

华东师范大学的一位教授有这么一句豪言"我改变不了这个世界，但我可以改变我的课堂"。回顾我们以往的教学模式，就会发现应试化的打磨使课堂教学失去了其应有的生气和自我。新课程要求教师转变教学模式，倡导个性体验，从教材中充分激活学生情感，使课堂多一点活力和多一份灵气。只有在这样的课堂上，学生才会情不自禁地在不知不觉中受到熏陶和感染。如果我们的每一堂课都能打动学生，让学生的心灵产生震撼，得到洗礼，情感教育又何愁无处落笔呢？

3. 注重多元化课堂评价，强化学生的情感、态度、价值观

"师者，传道、授业、解惑"。所谓"道"，不仅指学生学习的方法、做事的方法，更包含了学生情感、态度及价值观的养成。正确认识、恰当引导学生心中的"道"，是学校教育的重要任务。在课堂评价中，教师不仅要关心学生的知识与能力是否得到发展，还要关注学生的情感体验与情感发展。要做到胸中有本，眼中有人，给学生以自由和权力，鼓励学生畅所欲言，为学生创造机会去分析、去论证、去发展。

学以致用

苹果的最佳分法

那时，李老师在一个农民工子弟小学教数学。一次随堂练习中，李老师给孩子们出了这样一道题目："假如你家有 5 口人，买来 10 个苹果，每个人能分到几个苹果？"

但是发完练习纸后，李老师却大吃一惊。原来由于打字员的疏忽，"10"变成了"1"，这道题变成了："假如你家有 5 口人，买来 1 个苹果，每个人能分到几个苹果？"

练习纸已经发下去了，那就将错就错吧。李老师灵机一动，对学生们说："练习题中有一道题目是让你们随意发挥的，看看谁的答案更有创意。"

学生们在练习中纷纷表达自己的想法，其中有一个答案一直震撼着李老师的心灵。答案的内容是：每个人能分到一个苹果。后面接着写了原因：假如爷爷买来一个苹果，他一定不会吃，因为他知道有病的奶奶一定很想吃，会留给奶奶的；但奶奶也不会吃，她通常会把苹果送给她最疼爱的小孙女——我；但我也一定不会吃这个苹果，我会把它送给每天在街上卖报纸的妈妈，因为妈妈每天在太阳下晒着，口渴的她一定需要这个苹果；但妈妈也不会吃的，她一定会送给爸爸，因为爸爸进城这一年来每天都在工地上干很累很累的活，却从没吃过苹果。所以，我们家每个人都会得到一个苹果。

这位同学的回答，赢得了热烈的掌声。

问题：

1. 该案例对你有何启示？

2. 结合实际，谈谈你对情感教育的认识。

第四章　生本教学：学习者分析与教学内容设计

第一节　了解学习准备：认知发展与教学内容设计

情景再现

百分数的换算

数学课上，实习教师正在给学生讲百分数问题。他首先拿出一道有关百分数的例题让学生去做，并观察他们的反应。小 A 同学思考片刻就解决了问题；小 B 同学正在绞尽脑汁地努力思索，边做边自言自语地说着些什么；小 C 同学看到题目后，想了想还是放弃吧，双臂无力地垂下，眉头紧皱。

看到这种情况，老师并没有像往常那样立即向这两名有困难的学生解释解题步骤。这次，他尝试了一个新的方法。

"让我们一起来看看应该如何解决这个百分数问题。小 A，请你说说你是怎么做的？其余的同学注意听好了，下一道题目可能会轮到你们说呦。"

小 A 说："好的，该题目问的是游戏机降价的百分比是多少。当我看到这样一个问题时，我就想怎样才能得出一个分数呢？于是我通过计算得出一个分数后，又将它转换成小数，最后再将小数换算成百分数。我就是这么解决的。"

当小 A 大声说出自己的解题思路时，小 B 和小 C 边听边跟着重复说。

之后，教师又提出了第二个问题："某人烤了 12 个面包，卖掉了 9 个，问这

个人卖掉的面包的百分比是多少？"并让小B回答解题思路。

小B说："一旦我们得到一个分数，就能换算出一个小数，之后再转换成一个百分数。"

"说得很好。"老师微笑着说，"那么，他卖掉的面包的分数是多少啊？"

"十二分之九。"

"回答得很对，小C，现在请你说说我们怎样将这个分数换算成小数呢？"

"……"

"再看看这个分数，它是多少？"

"十二分之九。"

"好，为了把它换算成小数，我们应该用九除以几？大家接着往下做。"

教师发现，小B很快算出了0.75，然而小C还是犹豫不决，不知怎样将一个数除以另一个较大的数……

案例点评：

面对同样一道题目，三个学生表现出了三种不同的学习状态。一个不费任何力气就解决了问题；一个略加思索，在老师的提示下也解决了问题；而另一个直到最后也没能找到解决问题的方法。下面结合维果斯基提出的"最近发展区"思想，一起来分析一下这三名同学的学习状态。在百分数这个问题上，A同学的能力处于最近发展区之上，她不需要额外的帮助，依靠自己就能解决问题；B同学的能力恰好处在最近发展区之内，在教师和小A的帮助下，他成功地完成了学习任务；C同学的能力则处于最近发展区之下，即使在老师和同学的帮助下，他依然没能完成百分数问题的学习。这一案例提示我们，在进行教学内容设计的时候一定要考虑到不同学生的学习准备状态，考虑到他们认知发展的不同水平，根据学生的实际情况，尽可能让每一名同学都能学有所获。

理论解析

（一）何为学习准备

学习准备是使新的学习成为可能的学生的身心发展条件，是学习的内部条件，是教学的起点。邵瑞珍等人认为，学习准备是学习者原有的知识水平和原有的心理发展水平对新的学习的适合性。所谓适合性有两层含义：一是学生的学习准备应保证他们在新的学习中可能成功；二是学生的学习准备应保证他们的学习在时间和精力的消耗上经济而合理。这两层含义便是衡量学生是否已经达到了某种知识或认知的准备状态的两条标准。

学习准备既是促使学生进行学习活动的先决条件，又是教学的起点与基础。在进行教学活动之前，教师必须了解学生的学习准备状态，并在把握学生原有准备状态的基础上进行新的教学，这就是教学的准备性原则，在教育学中也称之为"量力性原则"或"可接受性原则"。

周国韬根据人们对各个学科学习准备的分析，将学生的学习准备概括成生理机能、智力、情趣、社会性、学习策略、知识基础等六个方面。

1. 生理机能的发展：主要指感觉器官、运动器官和神经系统的发展，它是其他方面准备的基础。生理机能的水平制约了儿童书写技能的形成。年龄越小，它的影响越明显。有些学习上的障碍是生理机能的缺陷所造成的，如视力和听力低下、口吃等。生理机能的准备情况可通过身体检查、体力检查和观察等手段来测量和了解。

2. 智力的发展：指感知、记忆、想象、思维和语言能力的发展。智力上的准备对于儿童的各种学习都是至关重要的。学习内容及其难度的确定、教学方法、手段的选择都与儿童智力发展水平密切相关。人们往往通过智力测验及一定的特殊能力测验来了解学生的智力发展水平(IQ)。教师在教学过程中通过对学生行为的观察，在一定程度上也能够判断学生的智力水平。

3. 情绪的发展：指在学习活动中是否具有稳定的情绪和兴趣，是否对学习抱有积极的态度。现代心理学研究表明，情感和兴趣是学习的必要条件。可以通过观察、问卷调查以及一些专业测量工具去了解学生情绪和兴趣的发展水平。

4. 社会性的发展：主要指社会交往需要的水平和技能。师生关系、同伴关系直接影响到学生的心理健康和学习。圆满地处理师生关系和同伴关系会得到他人的积极评价，因而能提高儿童在班级中的地位，满足他们的交往与受尊重的需要，并激发他们的学习愿望。学生的社会性发展情况可以通过观察和问卷调查、社交测量法等方法进行了解。

5. 学习策略的发展：指学生完成学习任务的手段和途径。学习策略包括一些与学习有关的基本行为习惯、学习方法、对学习的调节与控制等。心理学研究表明，学习策略与学习成绩之间具有密切相关，能否有效地运用学习策略会直接影响学生的学习。教师可以通过观察或问卷调查等手段来了解学生掌握学习策略的情况。

6. 与新学习内容有关联的知识与技能：这方面的准备与新知识的学习具有最直接的关系，因而为实际工作者所重视。通过任务分析可以了解新学习所需要的先备知识与技能，然后测试学习者掌握先备知识与技能的情况。教师可以通过摸底测验、单元测验等手段了解与学生有关的先备知识与技能掌握情况。

除上述六个方面外，某些人格特性，如自我概念、控制点、认知类型等也可以看成是学习准备的内容，它们也会对学习产生影响。

(二) 皮亚杰认知发展理论

1. 认知发展阶段

认知发展理论由瑞士心理学家皮亚杰提出，该理论被公认为 20 世纪发展心理学上最权威的理论。所谓"认知发展"是指个体自出生后在适应环境的活动中对事物的认知及面对问题情境时的思维方式与能力表现随着年龄增长而改变的历程。皮亚杰把认知发展分为四个大的阶段，在每一大阶段下又划分出若干小的阶段。

第一阶段为感觉运动阶段。从出生到 2 岁左右。这一阶段的儿童只能依靠自己的肌肉动作和感觉应付外界事物。

第二阶段为前运算阶段。大约从 2 岁 -7 岁。这一时期的幼儿只能以表象进行思维，他们的思维是表面的、原始的和混乱的。

第三阶段为具体运算阶段。大约从 7 岁 -11 岁。在这一阶段，儿童形成了初步的运算结构，出现了逻辑思维。但是儿童的思维还直接与具体事物相联系，离不开具体经验。缺乏概括的能力，抽象推理尚未发展，不能进行命题运算。这一阶段儿童发展了"去中心化"，即只站在自己角度看问题的自我中心思想逐渐消失。此时儿童不仅能集中注意情况或问题的一个方面，还能注意几个方面；不仅能注意事物的静止状态，还能看到动态的转变；能逆转思维的方向。

第四阶段为形式运算阶段。大约从十一二岁开始。这一阶段，个体形成了完整的认知结构系统，能进行形式命题思维，智力发展趋于成熟。

2. 认知风格

认知风格也称认知模式，指个体在信息加工过程中表现在认知组织和认知功能方面持久一贯的特有风格。认知风格与智力的关联不显著，大多是自幼所养成的在知觉、记忆、问题解决过程的态度和表达方式。它既包括个体知觉、记忆、思维等认知过程方面的差异，又包括个体态度、动机等人格形成和认知能力与认知功能方面的差异。认知风格是一个过程变量而非内容变量，具有跨时间的稳定性和跨情境的一致性，并且具有两极性和价值中性等特点。认知风格种类繁多，这里简要介绍几种常见类型。

（1）场独立型—场依存型

所谓"场"，就是指环境，心理学家把外界环境描述为一个场。美国心理学家赫尔曼·威特金认为有些人的知觉较多地受他所看到的环境信息的影响，而有些人则较多地受身体内部线索的影响。他把个体较多依赖自己内部的参照、不易受外来因素影响和干扰、独立对事物做出判断的称为场独立型；个体较多地依赖自己所处的周围环境的外在参照，以环境的刺激定义知识、信息的称作场依存型。

(2) 冲动型—沉思型

冲动型的特点是反应快,但精确性差。冲动型的学生面对问题时总是急于求成,不能全面细致地分析问题的各种可能性,不管正确与否就急于表达出来,甚至有时还没弄清问题的要求,就开始对问题进行解答。他们的信息加工策略使用的多是整体加工方式,在完成需要做整体解释的学习任务时,表现会更好些。

沉思型的特点是反应慢,但精确性高。这种学生总是把问题考虑周全以后再作反应,他们看重的是解决问题的质量,而不是速度。但是当他们回答熟悉的比较简单的问题时,反应也是比较快的。在回答比较复杂的问题时,沉思型的特点表现得更为明显。沉思型学生的信息加工策略多采用细节性加工方式,所以他们在完成需要对细节做分析的学习任务时,表现会更好些。

(3) 同时性—继时性

达斯等人根据脑功能的研究,区分了同时性与继时性的认知风格,他们认为,左脑优势的个体表现出继时性加工风格,而右脑优势的个体表现出同时性加工风格。继时性认知风格的特点是,在解决问题时,能一步一步地分析问题,每一个步骤只考虑一种假设或一种属性,提出的假设在时间上有明显的先后顺序;同时性认知风格的特点是,在解决问题时,采取宽视野的方式,同时考虑多种假设,并兼顾到解决问题的各种可能。同时性和继时性不是加工水平的差异,而是认知方式的差异。

认知风格的研究对于教师的意义并不在于测定某位学生具有何种学习风格,而在于明白学习者具有不同的认知风格并据此制定不同的教学策略,努力创造各种氛围以适应不同风格的学习者,以利于学生发挥自己的特长。同时对学习者的认知风格加以引导,积极促进学习者的学习。

(三) 最近发展区理论

最近发展区理论由前苏联教育家维果茨基提出,在我们的教学实践中得到了广泛的应用。维果茨基通过研究证明:教育对儿童的发展能起到主导作用和促进作用，但需要确定儿童发展的两种水平：一种是已经达到的发展水平；另一种是儿童可能达到的发展水平，表现为"儿童还不能独立地完成任务，但在成人的帮助下，在集体活动中，通过模仿，是能够完成这些任务的"。这两种水平之间的距离，就是"最近发展区"。如果儿童的学习准备水平在最近发展区之上，那么儿童无需帮助就能顺利完成学习任务；如果儿童的学习准备水平恰好落在最近发展区内，那么额外的帮助对于儿童成功地完成学习任务就是十分必要的；如果儿童的学习准备水平在最近发展区之下，那么即使有额外的帮助，儿童仍然难以取得学习的成功。

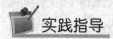 **实践指导**

（一）把握学生认知规律

学生的学习是感知、领悟、积累、运用、内化的过程，而感知与领悟又是课堂教学有效进行的基础，因此教学内容的选择与设计应该从学生的认知规律和学科特点出发。了解学生的认知发展规律，正确分析学生的认知风格与特点，在此基础上进行教学设计，激发、促进他们的学习，必然会达到事半功倍的效果。那么，我们在教学实践中具体应该怎样去做呢？

1. 熟悉学生认知发展规律

只有熟悉学生的认知发展规律，在此基础上进行教学设计，才能取得好的教学效果，这样也能够进一步促进学生认知能力的提高，促进高级认知能力的发展。

2. 了解学习者的认知风格特点

教学是为学生的学习与发展服务的，因此教学设计的一切活动也应围绕着学习者的"学"而展开。认知风格作为学习者的主要个性特征是影响教学成败的关键因素，因此在教学设计中了解教学对象、正确分析学习者的认知风格有着十分重要的意义。教师要具备心理分析、行为观察的知识和能力，善于了解不同学习者的认知风格，考察各种教学策略与不同学习风格的适应程度，创设

适应每个学习者特点的学习环境和条件，使他们在学习过程中以适宜的速度、合适的方式，通过与教师的共同努力达到确定的教学目标。

3. 发挥学习者认知风格的优势

我们可以把教学看作是学习者认知风格形成和完善的催化剂，但是却不能通过教学来改变学习者认知风格的本质特征。事实上，无论何种认知风格都有其积极的一面与消极的一面，因此在我们的日常教学中应注意扬长避短。教学设计者应遵循个体心理发展的规律，在教学设计中根据个体学习方式、学习倾向，对教学目标、内容、手段等进行选择、组合、管理，因材施教，给每个学习者创造显露自己特长的机会，发挥各层次学习者的学习积极性和个体素质优势。例如，场独立型学习者善于单独学习、喜欢求新求异，应放手让他们用自己喜欢的方式、对自己感兴趣的问题进行深入探究。此外，还可以设计情境开展创新教育，在课堂教学中允许风格、动机、兴趣、能力各异的学生适当脱离整体教学框架，利用他们的自主权做他们想做的事情。

4. 促进学习者的全面和谐发展

多数学习者的认知风格并非非此即彼的极端化，大多数学习者可以变换自己的风格以适应不同的任务。认知风格的形成同样会受社会环境和教育的影响，共同的社会文化影响可能使得同一民族、同一阶级、同一群体的认知风格具有某种共性。因此，教学设计应重视学习者认知风格的整体、协调发展。

事实上，我们在教学设计中对学习者的认知风格加以分析不是为了寻找哪类学习者更具学习优势，而是要更好地了解各类教学对象，创设各种氛围以适应不同认知风格学习者的学习，最大限度地发挥个体所具备的个性优势。

(二) 最近发展区思想与教学内容设计

由于学生相互之间的学习基础和学习能力存在明显的差异，同样的教学内容，能力强的学生感觉太容易，能力差的学生感觉太难。这就需要教师具体分析，在研究学生上下功夫，从学生的实际出发，在充分掌握学情的基础上，选择有层次的教学内容。教学内容的设计必须根据学生的认知心理和学习水平控制难易程度。只有难易适度，才能在教学过程中激发学生的学习兴趣，进行积极主动的思考。过难的教学内容会使学生望而却步，退缩不前；过于简单的内容又会使学生感到没劲，缺乏刺激，不能引发学生的动机和兴趣，教学也就失去了意义。只有把教学内容选定在学生的最近发展区之内，使学生跳一跳就能摘到桃子，才能最大限度地调动学生的学习积极性，促进教学活动朝最大成效的方向发展。

最近发展区理论提出了教学支架的思想。教学支架是从工人建筑楼房时所使用的支架引申而来的。就像建筑支架能支持工人完成涂灰泥、绘画等建筑工作一样，教学支架能够给学习者提供支持，扩展他们的学习范围，使他们完成没有帮助就无法完成的学习任务。所谓提供教学支架是指通过提供教学支持，帮助学生完成他们起初不能独立完成的学习任务，成功地通过最近发展区，并最终能够独自完成学习任务。例如，一位父亲教自己年幼的女儿学走步，当她尝试着迈出最初几步时，父亲跟在她的身后，拉着她的双手抬过头顶，保护着她蹒跚迈步。当她有了一点信心时，父亲就只拉着她的一只手，走在她的旁边，以免玩具等物品绊倒她。再后来，就让她自己走，父亲留在附近，当她走累了或不小心要跌倒时，及时扶住她，避免擦伤皮肤。最后，女儿通过努力，能够独自走路了。由此可见，有效的支架应该是针对学习者的需要而提供的，应与学习者的操作能力水平相适应。教师在给学生提供教学支持时要注意适可而止，要给学生提供适当的、足够的支持，但不要提供过多的、不必要的支持，以促进学生能独立地完成自己的学习任务。如果教师提供的支持太多，将不利于学生的发展和依靠自己解决问题；如果教师提供的支持太少，学习任务对学生的挑战太大，学生可能会失败并灰心丧气。因此，有效的教学支持必须要具有一定的弹性和灵活性，要能适应学生顺利通过最近发展区的需要。

（三）备课中对教学内容的把握

1. 换位备课

备课是纸上学习，打仗要想实战成功，还需知己知彼。备课要备学生，这是所有名师的共识。换位备课就是为学生着想，关注兴趣，调查梳理。特级教师邓彤说："进行教学设计之前必须充分考虑到学生学习本课的原有基础和现有困难两个方面，而最合理的教学设计就是要充分了解学生的学习特点、尊重学生的个性差异并根据其特点确定适当的学习方案：此之谓现代心理学背景下的因材施教。"他又说："理想的教学设计应该以学生现状为起点，同时又以学生的发展为终点。为学生量身制订的教学方案将是最有价值、最为科学的方案。"

2. 找准教学起点备课

什么是教学起点？学习者对从事特定的学科内容或任务的学习已经具备的有关知识与技能的基础，以及对有关学习的认识水平、态度等，就称为起点行为或起点能力。它是影响学生学习新知识最重要的因素。正如美国教育心理学家奥苏贝尔所说："如果我不得不把教育心理学还原为一条原理的话，我将会说，影响学习的最重要的原因是学生已经知道了什么，我们应当根据学生原有的知识状况去进行教学。"可见准确定位教学起点非常重要。由于不同层次的学生之间的学习起点（包括学习动机、学习态度、学习能力、知识基础等）差别很大，课堂教学起点的准确定位是保障不同层次学生都吃饱、吃好的关键。起点低，松又垮，学生没有兴趣，不愿学；起点高，推不动，学生又听不懂，不能学。因此，教学起点要合适，才有利于促进知识的迁移，学生才能学，愿学。

把握教学的真实起点首先要知道学生是否已经掌握或部分掌握了教学目标中要求掌握的知识和技能，掌握的程度怎样，没有掌握的是哪些知识。其次，还要明确哪些新知识学生自己能够自主学习，哪些需要教师的引导和点拨，通过对学情的了解，确定哪些知识应重点进行辅导，哪些可以略讲甚至不讲，从而很好地把握教学的起点，有针对性地选择教学内容，设计教学过程，突出教学重点，提高教学效率。

3. 关注差异，分层教学

课堂教学要打破传统教学"一刀切"的模式，采取分层教学、分类施教。例如在实践中可采取设计课堂教学分层、设计课堂练习分层、设计实践活动分层、设计作业分层等。即针对学生个体差异，设计不同层次的问题、练习、作业与实践活动，使每个学生在原有知识能力的基础上都能有所提高。

学以致用

"丑小鸭"的故事

一个小孩四岁才会说话，七岁才会写字，老师对他的评语是："反应迟钝，思维不合逻辑，满脑子不切实际的幻想。"

一个孩子不爱上学，上课时心不在焉，像是在做白日梦，学习成绩一塌糊涂。有一次，老师问他"1+2"等于多少？他回答说是"3"，看到老师拍桌子了，又改口说是"2"，同学们都说："那家伙是呆子！"

一个孩子上小学时总是倒数第一，老师曾半开玩笑、半鼓励地问道："你能不能偶尔也来个第一名呢？"

一个孩子在读小学时以善于打架和讲故事著称，而学习成绩却是全校倒数第一。

一个孩子在小学毕业时因为成绩不好没有拿到毕业证书，念初一时，因为数学不及格不得不补考。

一个孩子曾被父亲抱怨是白痴，在众人眼中，他是毫无前途的学生，艺术学院考了三次还考不进去，他叔叔绝望地说："孺子不可教也！"

一个孩子经常遭到父亲的斥责："你放着正经事不做，整天只管打猎，捉耗子，将来怎么办？"所有的教师和长辈都认为他资质平庸。

而这几个孩子实际上却分别成为这样几只"白天鹅"：

有史以来最伟大的物理学家爱因斯坦。

被誉为人类历史上最伟大的科学家牛顿。

十九世纪最有代表性的浪漫主义诗人拜伦。

英国大文豪司各特。

中国著名数学家华罗庚。

伟大的雕塑艺术家罗丹。

伟大的生物学家、生物进化论的创始人达尔文。

这些昔日的"丑小鸭"长大后却成为了伟大的天才，虽然他们早年"愚钝"，可后来却照样取得了光辉的成就，为人类创造了不可估量的价值财富。

问题：

1.新课程强调对人的关注，尊重学生的个体差异，提倡"多一把衡量的尺子就多出一批好学生"。陶行知先生也曾经说过："你的皮鞭下有瓦特，你的冷眼里有牛顿，你的讥笑中有爱迪生。"你是怎样理解"多一把衡量的尺子就多出一批好学生"这句话的？

2.你的班级里有没有"丑小鸭"，你相信"丑小鸭"会变成"白天鹅"吗？在这个变化的过程中你认为自己该做些什么？

第二节 把握心理发展：情感发展与教学内容设计

情景再现

王老师在讲授《细胞膜的结构和功能》一课时进行了如下的教学设计：

1.知识结构：细胞膜的分子结构；细胞膜的主要功能。

2.教学目标：理解细胞膜的分子结构；理解细胞膜的主要功能。

3.教学重点：细胞膜的分子结构；细胞膜的主要功能。

4.教学难点：主动运输。

5.教学方法：实验分析，归纳演绎，案例分析，定量计算。

6.教学过程：(2课时) 教师导入新课→教师再次引导→教师分发材料→师生共同归纳→教师提问引导→教师语言过渡→教师归纳总结→教师提问拓展→师生归纳总结。

案例点评:

不难看出，以上的教学设计确实是王老师长期执教的心血结晶，摆脱了传统注入式教学的枷锁，以认知学习理论为基础，通过发现、探究等方法与学生共同体验了某一生物知识的发生、发展过程，帮助学生攻克了学习中的难点，构建了新的知识网络，并使学生在学习过程中获得了良好的思维习惯和解题能力。然而，细加斟酌，我们仍然可以发现其中的不足之处。

情感线索的缺失或模糊是这则教学设计中最大的败笔。课堂导入如何激发学生的情感状态？教学过程中如何促使学生情感的发展？教学结束时如何让学生得到情感的升华，使学习成为内在的情感需要？这些在本节课的设计中均没有充分的体现。这则教学设计败就败在它仍然是以面向知识为目的，而忽略了人的内在情感发展。在科学教育、人文教育齐头并进、相互交融的今天，在基础教育阶段，任何知识化的东西都只不过是作为实现人性发展的载体，知识、技能的掌握固然重要，然而人的身心与智能的和谐发展才是教育的最终目的与归宿。

理论解析

随着经济的发展与人文素质的不断提升，人们对教育的时空认识也发生了根本性的转变，"一张文凭，终生享用"的时代也已经成为浮云，取而代之的是终生学习的全新理念。然而，现代教育在增加它的"长度"（终生教育、继续教育）和"广度"（大教育、泛教育）的同时，也正在丧失它应有的"深度"（对人生的关怀、对人性的提升、对情感的关注）。为改善这一现状，教育需要从过去的知识本位、学科本位走向以人的发展为本位的生命教育。"情感"作为生命中最富体验性的心理感受，已经愈来愈成为教育中的重要元素。

（一）何为情感教育

情感教育是教育过程的一部分，它关注教育过程中学生的态度、情绪、情感以及信念，以促进学生的个体发展和整个社会的健康发展。情感教育通过在教育过程中尊重和培养学生的社会性情感品质,发展他们的自我情感调控能力,促使他们对学习、生活和周围的一切产生积极的情感体验,形成独立健全的个性与人格特征。

情感领域中有些行为是可以测量的,而大多数概念则是"非结构化的",如热爱、尊敬、仇恨、同情、正义、邪恶等,虽然人们不能精确地对其加以定义,但是人们常常会说,当他们看到与这些概念有关的行为时,是可以感受和识别出来的。情感领域的教学往往因为情感定义的模糊、情感领域的宽泛和测量的困难而难以设计和实施。正是因为情感领域的教学在实施方面存在着诸多的困难,因此在教学中更应引起我们的重视。正如比尼所说的:"尽管对于情感的定义尚有争议,但是这种现存的无序状态更加要求我们做出更大的努力,因为几乎我们在学校中做的每一件事情都与情感有关。"

(二)情感学习的维度

1. 布鲁姆的情感分类

1964年,美国教育心理学家克拉斯沃尔和布鲁姆等人通过研究,将情感教育目标分为以下几个层次:第一,接受层次。在这个层次上,人们从被动地接受某些现象的刺激到比较积极地注意接受刺激,即个体有意识地参与到环境中的某些活动中去,例如,听一个关于人类行为的讲座等。第二,反映层次。在这个层次上,人们接受刺激后,受到驱动,愿意做出反映,从而获得满意的体验,如听了讲座之后解答了某些问题。第三,价值评价层次。在这个层次上,人们的情感体验不再依赖于一些机体的需要,而是依赖于对需要本身以及满足需要的方式做出的价值评价,即个体有意识地参与到活动中去,并将所学到的知识运用到自己的工作当中,如个体对所听的讲座内容进行思考,把某些概念运用到日常的学习生活中去,这也是情感发展的关键阶段。第四,组织层次。人们对价值进行观念化,并运用这些观念来建立内在一致的价值体系,这是形成稳定、深刻和丰富的情感的必要前提。第五,价值判断内化层次。在这个层次上,人们会将价值观、信息、态度等组织在一个和谐的系统内,形成性格特征，指导自己的言行。这五个层次即构成了层层递进、紧密衔接情感心理的内化和升华过程，形成了一个动态的目标系列。

除了布鲁姆的情感分类法以外，还有一些基于"自我发展"目标的维度划分，如佛晒描述的六类情感学习领域：智力、情绪、社会、物理、美学和精神，后两类在此之前的其他分类中没有出现过。马丁和布利戈斯提出的分类既包含了情感建构、社会竞争、价值、道德和美学，也把动机、兴趣、态度和情绪、感觉作为子成分包含其中。此后，兰伯特和黑姆斯所提出的概念模型都侧重于情感领域而不是分类，更侧重于从国际化的角度而不是从个体的视角来看待情感。

2. 马丁和瑞戈鲁斯的情感分类

马丁和瑞戈鲁斯将情感的发展视为个人成长和内在变化的过程，将"情感调适良好的人"作为情感教育的最终产品，从这个角度提出了新的情感领域概念模型，把情感的发展分为六个维度，每个维度又分为三个层面：知识、技能和态度。当然每一个维度不仅仅有这三个层面的内容，还有更多的其他层面需要加以考虑，只是这三个最为重要。马丁和瑞戈鲁斯对这六个维度的定义如下：

（1）情绪发展（Emotional Development）：理解个人及他人的情感和对情感的评价，学会控制自己的情绪并且发自内心地希望能够控制自己的情感；

（2）道德发展（Moral Development）：建立并遵循个人行动准则，发展个人符合社会准则的态度，这与正义感、道德观有关；

（3）社会发展（Social Development）：建立与他人交往的技能与态度，与他人保持良好的关系，包括伙伴、家庭、同事等，尤其是那些与自己意见相左的人；

（4）精神发展（Spiritual Development）：培育个人对于自己灵魂的清醒的认识；

（5）审美发展（Aesthetic Development）：学会欣赏美、创造美，这既与艺术和音乐等相关，更与个人的审美观有关；

（6）动机发展（Motivational Development）：培养个人对于发展个人兴

趣的渴望，包含职业的和非职业的两个方面。

实践指导

（一）情感的发展特点

1.小学生情感发展的特点

进入小学后，小学生在学习活动和实践活动中接触到更多的人和事，同时伴随着认知能力的发展，情感也进一步发展和变化。这个变化同其他心理活动一样，也有其自身的特点和规律。一方面，小学生的情感内容日益丰富，情感体验逐渐深化，情感的稳定性逐渐增加，情绪的自我控制能力逐渐增强；另一方面，小学生的各种高级情感也逐渐开始发展，例如道德感逐渐深化，理智感逐渐形成，美感逐渐丰富等。

（1）情感的稳定性逐渐增强

儿童进入学校以后，在集体生活和独自学习活动的锻炼及影响下，控制和调节自身情感的能力逐渐发展起来。虽然小学生的情感仍具有很大的冲动性，还不善于掩饰和控制自己的情感，但是他们的情感已经开始逐渐内化。同时，情感的稳定性和平衡性日益增强，冲动性和易变性逐渐消失。此外，由于小学生的学习负担较轻，其情绪状态多平静而愉快。

（2）情感的内容日益丰富

进入小学后，学习取代游戏成为了儿童的主导活动，因而大量的学习活动以及与学校生活有关的事物构成了小学生情感的主要内容。此时,学习的成败、在集体中的地位、与同伴的关系等使他们产生各种各样的情感体验。教师的表扬与批评、同学之间的议论与评价、学校中所发生的事件等都成为小学生体验新的情感的内容。

同时，小学生的各种高级情感也处在不断的发展之中，高级情感的加入及不断丰富更加充实了小学生的情感世界。小学生在加入少先队前后，逐步接受一些共产主义道德观念的教育，加上学习了思想品德及社会自然学科，他们的情感体验就和国家、民族、社会等大集体联系起来了。他们也会被历史上的民族英雄、模范人物等坚毅品质所感染，产生热爱祖国、热爱人民的情感。

（3）情感的深刻性不断增加

随着小学生认知的发展，小学生的情感与学前儿童相比，不但在内容上更加丰富多彩，而且其情感体验也更加深刻。例如，有关研究证实，同是惧怕的情感，学前儿童主要是怕人、怕黑、怕吃药打针等具体事物；小学生虽然也同样怕这些具体的事物，但更多的是对学校的恐惧，如害怕学习成绩不好，怕受老师和家长的批评，怕受同学的讥笑、歧视等。

小学生的各种高级情感也在不断地深化，例如在评价他人时，已不再像学前儿童那样，把人仅仅分为好人和坏人，而是能够初步运用一定的道德标准来评价他人、评价事物的好坏。也不再像学前儿童那样只看事物对自己是否有益，而是能够把事物同他人、同集体的利益结合起来进行评价。到了小学高年级后，在独立学习和集体生活的锻炼下，小学生在一定程度上能够克制自己的一些欲望，努力克服困难去完成自己的任务，形成一定的理智情感，也开始逐步理解自己对集体、对他人、对社会负有一定的责任。这些都表明小学生情感的深刻性正在不断增加。

2．中学生情绪情感发展特点

（1）情感内容日渐丰富，但较肤浅

随着学习、生活范围的扩大以及自我意识的觉醒，中学生发展了多样性的自我情感（如自尊心、自卑感等），而且两性的情感与社会性情感也日益丰富。但是由于他们知识经验的局限，自我调节和控制的能力不够强，当预先决定的活动做临时的调整时，尤其是需要服从社会的要求、放弃自己所喜爱的活动时，情感上波动较大。这反映了初中生的社会性情感还不够深刻。有的学生甚至分不清是非、辨别不了美丑，出现哥们义气等不正确的情感。

（2）情绪表现强烈而不稳定

中学生的情绪表现常常强烈而不稳定。他们可以因为一点小成就而欣喜若狂、手舞足蹈，也可以因为一点小挫折而垂头丧气、无精打采。有时彼此之间无话不说，有时又只因为一句话不和就怒不可遏、拔拳相向。处于青春期的中学生很容易从一个极端走向另外一个极端。情绪的不稳定与此时他们的生理和心理特点有关，也与家庭和社会上的某些因素有关。性的成熟有时也会给他们带来情绪上的一些扰乱。

（二）情感发展与教学内容设计

如果有人问：这节课你教了什么？数学老师的回答会很清楚，比如讲授梯形面积的计算，他会很肯定地告诉你，这堂课介绍的是梯形的长、宽、高以及梯形面积计算公式的推导，绝对不会似是而非、模棱两可。而语文教师可能就很犹豫，一时难以说清：所教的就是这一篇篇课文，一段段文字，听、说、读、写……似乎什么都教了，又好像什么都没教，因为一篇篇课文并不是我们要教的内容，课文只是我们要教的内容的载体，语文课的教学内容隐藏在语文课文当中。从认识到建构明确、合理的教学内容是当前深化课程教学改革的核心问题之一。在教学实践中，教学内容的确定与选择仍是个大问题。教学内容固然是知识的载体，但是我们在传授知识的同时，同样不能忽视学生情感的发展。教学内容应该是认知发展与情感发展的有机结合、相互交织。情感教育应整合于课程教学内容之中，而不是孤立于课程教学内容之外。情感教育是一个长期的过程，需要教师在学生漫长的学习生涯中不断渗透，而不能急于求成。

纵观课堂教学，不难发现，有的教师上课，课堂是晴空万里，艳阳高照，学生就像春天的鲜花，精神百倍，教师绘声绘色地讲，学生如痴如醉地听；而有的教师上课，课堂是乌云密布，雷电交加，学生就像暴风雨中的麦苗，趴在课堂上，两眼无神，无精打采，身在此而心在彼，白白浪费时间。为什么会形成如此之大的反差？这就是因为课堂教学中的情感艺术。良好的情感教育可以为教学创设出良好的学习环境。要想让你的学生喜欢你的课，首先要让他喜欢你这位老师，亲其师，才能信其道。所谓"爱屋及乌"说的也是这个道理。如何让学生对教师产生喜爱之情，很大程度上取决于教师对待学生的态度和情感。

教师没有真挚强烈的感情、没有鲜明的爱憎，是不可能用他的语言去征服学生的。

　　教师丰富而高尚的情感可以左右学生的思想，掌控课堂的氛围。如果教师走进课堂能够像演员走进摄影棚一样，全身心地投入到角色当中，通过声情并茂的语言及体态牵动学生的情感，用自己的巨大热情和对知识的渴望去激起学生相应的情感体验，那么我们的课堂将会变得更加丰富多彩。那么，如何在教学设计中实现情感发展与知识技能发展的完美结合呢？可从以下几方面进行思考：

　　1. 认知因素与情感因素的协调统一

　　我们可以依据情感因素的存在方式将现行各科教材内容大致分成两类：一类是情感因素显露的，另一类是情感因素内隐的。对于那些情感因素显露的教学内容，教师可以把自身的情感体验与教学内容中的情感融为一体，在课堂教学中声情并茂地传达给学生，达到以情育教、情知交融的目的。对于那些情感因素内隐的教学内容，通常以情施教的难度较大，需要教师在备课的过程中深入挖掘、深刻理解教学内容所蕴含的隐性情感因素。教师只有在亲身体验、与教材达到共鸣的基础上，才能进一步用自己的情感去感染学生、打动学生，使教材中所蕴涵的情感因素得以彰显。那么，在课堂教学中如何有效协调教学活动中的认知与情感因素，充分认识、利用、把握这一客观教学规律呢？可以从以下几方面着手：

　　（1）发挥情感因素的启动作用，激发学生认知情趣。兴趣可以激发学生的学习动机与求知欲望，而动机又是促使学生有效学习的内趋力。只有在以情促教、以情生情、情智共生的创新过程中，学生智慧的火花才能不断被碰撞，生命的活力才能不断被唤醒。例如：物理课上在引入"惯性"概念之前，可以播放一段视频：一个人坐在车上，车匀速运动，人向上抛出球，一段时间后，球落到了人的手里；车加速运动，人向上抛出球，一段时间后，球落到了车的后面；车减速运动，人向上抛出球，一段时间后，球落到了车的前面。学生看后首先被这一现象吸引了，甚至会要求重放一遍，会情不自禁地问"为什么"，进而分析车与球的运动情况，引入"惯性"的概念。

情感因素除了具有启动作用以外，还能调动学生学习的积极性，引导学生主动参与认知过程。因此，课堂教学中想要改变学生消极被动接受知识的状态，教师就要重视发挥学生情意因素的作用，通过启发、点拨、设疑、解惑，把学生的情意定向在参与认知的过程之中。

(2) 发挥情感因素的调控与激励作用，让学生体验成功的喜悦。在我们的课堂教学中经常会遇到这样的情况：很多学生遇到稍难一点的题目就想抄标准答案或者干脆放弃，等着老师讲解；作业、试卷出了错题也懒得查找原因；考试成绩不理想，就灰心丧气或怨天尤人。可以说意志力薄弱、缺乏心理承受能力已经成为学生当中的一种普遍现象。面对这样的情境，作为教师，我们更应该发挥情感因素的调控与激励作用，培养学生克服困难的信心与勇气，塑造他们战胜挫折的斗志与毅力。针对这些问题，教师可以在恰当的时机给学生讲授一些成功人士的励志故事，用心灵的鸡汤来滋补他们脆弱的心灵，充分利用课堂教学中的可调控资源，为学生创设展现自我的时机，让每个学生都能体验成功，收获成功的喜悦。

2. 巧设问题，让学生想说、会说、乐说

苏霍姆林斯基说："儿童是用形象、色彩、声音来思维的。"因此，教师在进行课堂问题设计时应尽量创设情境，选择学生想说、会说、乐说的内容，这样学生在思考与回答的过程中才能获得愉悦的情感体验。每个人都有把自己最优秀、最阳光的一面展现给他人的愿望，每一个人都希望得到他人的认可与欣赏。当学生在老师和同学面前展示自己成就的时候，当学生获得他人肯定的时候，他就会处于一种高度愉悦的情绪状态。在这种状态下进行学习，往往能达到事半功倍的效果。因此，在教学过程中，教师应充分尊重学生的自尊心、荣誉感和成就感，为学生创造一种时刻处于愉悦状态下的学习环境，使课堂学习过程既是学生获取知识的过程，又是学生良好个性心理品质的形成过程，从而达到"一石二鸟"的双赢效果。

例如，在讲述"诚信"问题时有些教师经常会设计这样的问题"请你说一说身边不诚信的事情"，"你有过不诚信的经历吗……"这样的问题确实联系了学生的生活实际，但是却让学生难以启齿。如果我们将问题修改为"请讲述你身边同学的一个诚信故事"、"讲述一个你曾经恪守诚信之道的事例……"这样的问题，学生在一般情况下都会觉得好说、可说，自然也就爱说。课堂气氛必然活跃，教育教学效果必然也会更好，对所学内容的体验也自然深刻，自尊心、自信心也会得到发展。

3．积极暗示，塑造学生积极心态

一个人的思想来源于生活中的经历，生活中的某些经历往往会对人产生积极或消极的暗示作用。这种暗示作用一旦形成就会根深蒂固难以改变。也许大家都去过动物园或者看过马戏团的演出，那些大象被一根铁链拴在一个树桩上或者是栏杆上，这大象不会跑。人们好生奇怪，难道这头大象无能到挣不开铁链吗？其实大象是有挣脱开这个铁链的能力的，但为何大象不挣开铁链去奔向自由，而心甘情愿被拴着呢？这源于当它还是小象还没有挣脱开铁链的能力的时候，曾无数次想挣脱开拴着它的铁链，而每每以失败告终，最后，大象放弃抗争而接受被人类驯化的现实，正是幼年生活经历所形成的心理暗示作用的结果，在心理学中，我们称其为习得性无助。同样，学生学习过程中的每一个环节也会对学生产生暗示的效果。因此，如何通过教学环节的设计，使教学过程给学生以积极、健康、向上的心理暗示，值得深思。

4．合理选择，培养学生健全人格

一位心理学家曾做过这样一个实验：他让两个学生都做对 30 道题中的一半，但是让学生 A 做对的题目尽量出现在前 15 题，而让学生 B 做对的题目尽量出现在后 15 道题，然后让一些被试对两个学生进行评价：两相比较，谁更聪明一些？结果发现，多数被试都认为学生 A 更聪明，这就是第一印象效应。同样，在学生身心成长的过程中，对周围事物的第一印象，也会影响一个人对待周围世界的情感、态度和价值观。不同的教学内容和教学过程对学生健全人格的形成起着截然不同的作用。如果教师能够在课堂中把积极健康的事物在最早的时间内、以最快的速度、最大限度地传递给学生，那么这些"第一印象"所发挥的作用也将是不可低估的。

5. 潜心策划，设计情感暗线

众所周知，文学作品中往往存在着故事发展的明线和暗线，课堂教学亦是如此。明线指传统教学过程中那些有形的、可见的知识传递形式，例如知识的传授、问题的设置、方法的实施、重点的铺陈、难点的分解和突破等，最终结果是知识的掌握和技能的形成，是具体的。而暗线则是观念的形成和情感的发展等抽象收获。习惯上，多数教师在进行教学设计时只有解决具体知识这一条明线，情感因素即使考虑，也仅在课堂的导入阶段作为吸引学生注意的手段，实际上仍然是一种"目中无人"的教育。教师在进行教学设计时，必须同时设计知识明线和情感暗线，这样才能实现以人的内在发展为本质的教育目的。

6. 精心组织，实现情感发展

在课堂教学正式开始后，便进入了具体知识的讲授和问题解决阶段，此时学生的情感体验强度会有所下降。因此，教师在进行教学设计时，必须准确把握学生的情感发展状态，适时设置情感强化环节，呼应导入时的情感基调，保持情感节奏。

7. 合理挖掘，促使情感升华

情感的设计必须以情感的升华作为终结，学生在课堂上所收获的情感只有得到了升华，才能形成长期稳定的心理体验。教学设计时的情感升华应根据教学内容的不同而有所不同。

8. 持之以恒，保持情感稳定

想要针对一堂课设计情感教学线索比较容易，而要在长期的教学中持之以恒，其难度可想而知。然而教育的本质和社会发展对教育的期望要求我们只有尊重人的发展的教育才是真正的教育。因此，教师要将学生某一堂课的情感发展持续为长期的情感发展，要使学生在课上、课后保持连续的情感状态，长此以往，教学才能最终实现对学生人性的熏陶和人格成长的影响。

 **学以致用**

两组不同的数学题

王老师在一次教学过程中，创设了这样的情景：在班上选择了被全班公认为数学最优秀的两名学生和最差的两名学生进行口算比赛，两组题目如下：

第一组的题目：5×（32—29）、8+16、5+2×3、15×（4—0.5）

第二组的题目：100—63、48+39、17×40、12×（17—13）

比赛结果当然是成绩差的学生组获胜，顿时全班学生从疑惑不解到热情高涨，纷纷举手表达自己的意见，"气愤"比赛的不公平：两组题中，整数口算当然简单一些。

课的发展如王老师设计的一样顺畅，但是"比赛"后学生的表现却令王老师时至今日仍然不能平静：两名"优秀"学生都在不发表任何意见的基础上独自伤心落泪，而两名"差生"的表现则大同小异，眼里闪过一丝得意，但脸上却没有一丝笑容，他们体现出的"宠辱不惊"令王老师记忆犹新，那是许多成大事者所共同追求的境界。

于是当学生都埋头做作业的时候，王老师把"优等生"叫了过去，向他们进行了简单的解释。课后王老师当着全班同学的面向那两位同学道歉说："对不起，老师在出题时只考虑到差生，想要帮助差生，给差生机会，建立他们的信心，但是却没有考虑到你们的感受。"接着王老师又帮助那位落泪的学生分析了"哭泣"的原因，希望他在遇到困难时能够变得更坚强和从容。王老师的这一举动赢得了全班同学热烈的掌声。

问题：

1. 该案例带给你什么样的启示？

2. 如何在教学实践中尽量做到兼顾所有学生的感受？

第三节　回归现实生活：能力发展与教学内容设计

情景再现

买票中的数学问题

师：如果老师现在要和同学们一起去参加雁荡山一日游的话，你们高兴吗？现在我们来看看票价：

散客价：大人每位 150 元，学生每位 75 元；

团体价：16 人以上团体，每位 120 元。

师：现在你们说说我们该选择哪种方式更合算？为什么？

生 1：我认为买团体价更加合算，因为团体价要便宜些。

生 2：我认为散客价更合算。

生 3：我认为先购团体价，再购散客价的方式更合算。

师：这些都是同学们的猜测，我们可以通过计算来验证，在计算之前你得先了解什么信息？

生 1：有多少人参加旅游？我们班学生 58 位，数学老师一位。

生 2：那语文老师也一起去吧？

师：（媒体出示）老师 2 位，学生 58 位。

师：请你们算出认为合算的方式所需要的费用。

（学生计算。反馈：）

生 1：我认为购团体价的方式更合算。算式是这样的：$120 \times 60 = 7200$ 元。

生 2：我认为先购团体价再购散客价的方式更合算。算式是：$120 \times 16 = 1920$ 元，

$75 \times 44 = 3300$ 元。$1920 + 3300 = 5220$ 元。

生3：我建议用散客价的标准，我是这样算的：$150 \times 2 = 300$ 元，$75 \times 58 = 4350$ 元，$300 + 4350 = 4650$ 元。

师：通过计算，你们认为我们应该选择哪一种方式，为什么？

生：选散客价更合算，因为它比其他两种方式要便宜得多。

师：现在你们怎么不选先购团体再购散客价的方式，怎么不选购团体价方式？

生：因为这两种方法都比较贵。

……

（节选自互联网）

案例点评：

在这堂课中老师与学生们一起探讨了一个生活问题：景点门票。选择这样一些与学生生活实际密切相关的话题作为题材，更容易吸引学生的兴趣。与此同时能使学生感受到数学与日常生活的紧密联系，感受到生活中处处有数学，体会到数学知识的巨大魅力，让数学课堂充满了智慧和乐趣，大大激发了学生学习的积极性和主动性。本案例中，该教师引导学生通过独立探索、小组合作的方式对不同的购买方案进行对比，进而让学生通过自己的努力找到了最划算的购票方式。在问题的解决过程中，不仅培养了学生的优化意识，而且让学生体验到学习数学的益处，进而培养学生自觉运用数学的思维方式来观察和解决实际问题的意识和能力。

理论解析

（一）解读能力

所谓能力，就是指顺利完成某一活动所必需的主观条件。能力是直接影响活动效率，并使活动顺利完成的个性心理特征。能力总是和人完成一定的活动相联系的，离开了具体的活动，人的能力既无从表现，也得不到发展。

1. 能力的分类

(1) 一般能力和特殊能力

一般能力是指观察，记忆、思维、想象等能力，通常也称为智力，是人们完成任何活动所不可或缺的，是能力中最主要而又最一般的部分。特殊能力是指人们从事特殊职业或专业需要的能力。例如美术创作中所需要的想象能力和构思能力，音乐演奏中所需要的听觉想象力，等等。通常情况下，人们从事任何一项专业性活动既需要一般能力，也需要特殊能力，二者在人类活动过程中相互促进，共同发展。

(2) 晶体智力和流体智力

美国心理学家雷蒙德·卡特尔把智力的构成区分为晶体智力和流体智力两大类。晶体智力是以所习得经验为基础的认知能力，如人类所掌握的劳动技能、语言文字能力、判断力、想象力等。晶体智力受后天经验的影响较大，主要表现为运用已有的知识和技能去吸收新知识和解决新问题的能力，晶体智力在人的一生中一直在发展，25 岁以后发展速度趋于缓慢。

流体智力是一个人生来就能进行智力活动的能力，即学习和解决问题的能力，它依赖于先天的禀赋，随神经系统的成熟而不断提高。流体智力属于人类的基本能力，受先天遗传因素影响较大，受教育文化影响较小。流体智力的发展与年龄有着密切的关系：一般人在 20 岁以后，流体智力的发展达到顶峰，30 岁以后随着年龄的增长而降低。

(3) 模仿能力和创造能力

模仿能力是指通过观察别人的行为、活动来学习各种知识，然后以相同的方式做出反应的能力。而创造力则是指产生新思想和新产品的能力。

(4) 认知能力、操作能力和社交能力

能力按照其功能可划分为认知能力、操作能力和社交能力。

① 认知能力：认知能力是指接收、加工、储存和应用信息的能力。它是人们成功完成某项活动的最重要的心理条件。知觉、记忆、注意、思维和想象

的能力都被认为是认知能力。美国心理学家加涅提出三种认知能力：即言语信息（回答世界是什么的问题的能力）、智慧技能（回答为什么和怎么办的问题的能力）、认知策略（有意识地调节与监控自己的认知加工过程的能力）。

② 操作能力：操作能力是指操纵、制作和运动的能力。劳动能力、艺术表现能力、体育运动能力、实验操作能力都被认为是操作能力。操作能力是在操作技能的基础上发展起来，又成为顺利地掌握操作技能的重要条件。操作能力与认知能力紧密相连，两者相互包容，认知能力中必然有操作能力，而操作能力中也一定有认知能力。

③ 社交能力：社交能力是指人们在社会交往活动中所表现出来的能力。组织管理能力、言语感染能力等都被认为是社交能力。在社交能力中同样包含有认知能力和操作能力。

2. 能力发展的一般趋势

能力是人顺利完成某种活动的基本保障，并且直接影响着活动的效率和效果。研究表明,能力的发展随着年龄的增长而不断变化,并呈现出一定的规律性。

（1）童年期和少年期是某些能力发展最重要的时期。从三四岁到十二三岁，智力的发展与年龄的增长几乎等速。以后随着年龄的增长，智力的发展呈负加速增长：年龄增加，智力发展趋于缓和；

（2）人的智力在18–25岁之间达到顶峰（也有人说是40岁）。其中智力的不同达到顶峰的时间也不同；

（3）对人的智力毕生发展研究表明，人的流体智力在中年之后有下降的趋势，而晶体智力在人的一生中稳步上升；

（4）成年期是人生当中最漫长的一段时期，也是能力发展最稳定的一段时期。人们在二十五六岁至40岁之间，常常会表现出富有创造性的活动。

（5）能力发展的趋势存在个体差异。

（二）对教学回归生活的理解

20世纪上半叶，教育与生活的关系问题曾引起人们的广泛关注，尤以杜威提出的"教育即生活"命题影响最为深远。历史进入 21 世纪，就好像进入了一个新的轮回。教育与生活的关系问题又一度成为人们关注的焦点。长期以来，我们的教育教学一度陷入这样的误区：教与学脱节，知识与能力脱节。表现为学生一走出课堂，就不知如何运用所学的知识去解决生活中的实际问题。而这些现象的出现，最根本的原因就是教学与生活的背离。以至于教师教得困惑，学生学得被动，教学质量停滞不前，学生对学习缺乏兴趣，自然也很难取得教学的高效益。陶行知先生曾指出："中国的教育太重书本，和生活没有联系，教育不通过生活是没有用的，需要生活的教育，用生活来教育，为生活而教育。"在陶行知看来，教育与生活是同一过程，教育含于生活之中，教育必须与生活相结合。正如陶先生所说的，生活教育是生活原有、生活自营、生活所必需的教育。教育的根本意义是生活之变化。生活无时不变，生活无时不含有教育的意义。在教学中加入生活的元素，不但可以让学生学习知识、丰富生活，更重要的是可以提高学生的学习兴趣。新课程倡导教育要与生活接轨，课堂教学要尊重知识的生活逻辑，那么什么样的课堂才算是回归生活的课堂呢？

1. 教学内容生活化

教学内容是教学之本。要提升学生解决实际问题的能力，我们就应该注重教育的生活化。教师应充分利用教材，又能跳出教材，找准教材与生活的契合点，把自己的教学意图隐藏在友好的、毫无拘束的教学氛围中，激发学生的思维，培养其兴趣。生活世界是真真切切存在的，是由一系列鲜活的事实和生动的、直观的感受建构起来的世界，这个世界丰富多彩。回归生活的课堂教学就要关注学生的生活世界，打通学生书本世界和生活世界的界限，由从书本中"学知识"，走向在生活中"用知识"。将课堂内容与生活实际相结合，把学生的思维引到现实生活中去，让学生有话可说，回答热烈，情绪高涨。在这样的学习过程中，学生不再是旁观者，而是课堂教学的参与者，学生学得更加生动、主动，既学到了知识，又提升了学生解决实际问题的能力，达到学以致用的效果。

2. 生活内容教学化

教师要善于运用生活中的情境，引导学生观察、比较，展开学习活动。让学习与学生的生活充分地融合起来，从学生的生活经验和已有的知识背景出发，让学生在自己的生活中发现问题、探究问题、解决问题。例如，学生不喜欢数学的原因是因为它枯燥而又过于抽象，如果教师在讲授数学知识的时候能够把知识内容与生活实际中的具体问题结合起来，不仅能使抽象的知识形象化、具体化，而且还能激发学生的求知欲望，提升学生对知识的运用能力。再比如，有的学生不愿意学习语文，觉得需要背诵的东西太多，如果教师能够在教学中丰富教学手段，将语文知识的背诵与学生的生活实际结合在一起，那么背诵也会变得有滋有味，而不再是枯燥的死记硬背。

3. 教学活动生活化

《新课程标准》要求教师"创造性地设计贴近学生实际的教学活动，吸引和组织他们积极参与。要重视从学生的生活出发，培养学生实际运用的能力"。教无定法，教必有法。现代教学活动的设计不能单纯地指向机械的语言操练，而是要符合儿童的生活经验。在课堂活动的设计中，学生不再是"配角"，而是活动的"主体"。教师不是在表演，而是在与学生交流合作，引导学生积极主动地参与学习。例如，英语课上学了一些食物的名词之后，让学生创设购物的活动情境，帮助学生熟练掌握食品和饮料的英语表述，学会表达购物需要等。很简单的一些练习活动，就可以让知识与生活走得更近。

4. 教学过程生活化

教学过程是一个闪耀着智慧的过程，因此，作为教师应该充分地利用好课堂教学，在教学中重建学生的生活世界，关注每名学生的发展，大胆创新，大胆搞活，使我们的课堂生活化、细节化、智慧化、情趣化。教学的真正目的不仅在于达到对知识的理解，更在于能将学到的知识运用于生活，尤其是创造性地运用于生活之中，为生活而教育，让教育服务于生活，让学生在日常生活中体验到知识的力量。

实践指导

我国教育家陶行知先生指出：“生活即教育”，要“为生活而教育”。他认为生活是教育的核心，因而教学不能脱离生活。教育只有通过生活才能产生作用并真正成为教育。课堂教学生活化是加强学生实践能力、推进素质教育的必要途径。如何把教学生活化，突破课堂教学空间，让生活走进教学，是当前教学改革的重要课题之一。这样的改革体现了以人为本的思想，体现了对学生的人文关怀，充分考虑到学生自身的经历和体验，只有这样的教育才是一种关怀生命的人本教育。让生活走进课堂，让教学回归生活，这就对教师的备课提出了更高更新的要求。既要求教师在备课的同时不断运用生活中的常识与教科书上的知识，要将生活和课本融为一体，让学生感受生活化的教学，让学生学会用理性的眼光看待周围的生活，提高学生的实践应用能力。

1. 创设情景，模拟生活

立足教材，面向生活，把教材内容与生活情景有机结合，把那些不知与已知、深知与浅知的需要带到一定情景中去，把抽象的文字知识转化为具体鲜活的情景，营造良好的学习情景，使学生能积极主动地、全身心地投入。教学内容生活化中的“生活”应该是学生身边看得见、摸得着、想得起的生活。对于这些生活中的内容教师在教学时要结合学生的实际来精心选取。课堂是一座桥梁，要将校外的、校内的、个人的、集体的、科学的、生活的结合起来，它应该是一个大熔炉，而不是割裂开来的学习知识的小天地。

2. 捕捉生活素材，唤起学习兴趣

课堂教学中，教师要善于对大纲规定的内容进行大胆的变革与创新，用学生耳熟能详而又贴近学生实际的生活素材来替代。改造教学内容，尽可能使学习的内容生活化，同时也要把生活搬进课堂，使大自然成为学生学习的第二课堂。比如自然课，可以把学生从课堂中解放出来，因地制宜地利用条件让他们亲近自然、触摸自然，探索大自然的奥秘。春天可以组织学生去观察各种树木、花草的生长变化过程；秋天漫山红叶，层林尽染，带领同学们上山采集树叶，制作标本；冬、夏季可以借助雨雪等资源给学生讲解雨雪的成因。生活中处处都隐含着学习的资源，关键在于我们是否有一双挖掘生活素材的慧眼。将书本世界与学生的生活世界进行有效的沟通，学生将在多彩多姿的生活世界中去挖掘无尽的教育财富，生活也就成了学生最丰富的学习资源。

3. 借助生活经验，学会思考问题

人类生活在现实环境中，许多问题在现实生活中都能找到原型。例如在讲授数学的时候，可以把数学与生活联系起来，让学生学会用数学的眼光观察周围的世界，帮助学生在自主探索的过程中理解并掌握数学的知识与技能、思维与方法，体会数学的作用和价值。有一位教师在这方面做得就很好。当这位教师在数学课上讲完百以内的加减法计算时，他为学生创设了这样一个生活情境：如果家里来客人，妈妈给你100元钱让你去超市购物招待客人（出示一系列商品的价格），有苹果每千克5元，巧克力18元一袋，可乐5元一瓶，香蕉每千克6元，薯片4元每袋或7元一桶……老师把学生分成若干小组，每组4名同学进行合作购物，比一比哪组同学利用最短的时间，买的种类最多，计算又最准确。在这样一个情景中不但有数学知识的运用，还有学生生活经验的支撑，使枯燥的数学计算变得更富有生气和活力。

4. 回归生活实践，学会解决问题

从生活与教学的关系上说，生活决定教学，教学要通过生活实践来彰显力量而真正成为教学。因此，教学应扩展时空，让学生走出课堂。在生活实践中感知，学会在生活实践中解决问题。将学生在课堂中学到的知识返回到生活当中，再从生活实践中弥补课堂教学的不足。知识源于生活，而又高于生活，而知识只有运用于生活，指导生活实践，解决日常生活问题才能真正体现其价值。因此，在生活化的学习过程中，教师要引导学生领悟知识源于生活，又用于生活的道理。例如数学课上学习了土地面积的计算后，让学生测量校园的面积、教学楼的长与宽等；物理课上讲授了离心力的知识，让同学们解释甩干桶的作用原理；化学课上让同学们结合所学的分子结构溶解的知识解释洗洁精为何能

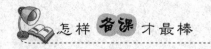

够去除油渍，等等。这些都是知识回归于生活的运用。

5. 营造积极、互动的课堂生活

生活并不是一幅静止的画面，生活化的课堂教学需要有丰富多样的教学活动，多样化的教学是对生活的最好体现。而学习本身就是一个互动的过程，课堂中师生之间、生生之间的沟通与交流，启发与补充，分析与思考，才是生活化课堂所追求的氛围。陶行知先生说过："从前世界属于大人，现在世界属于儿童。"因而他要求儿童要做一个"开创新世界"的儿童！要做一个"即知即传人"的儿童！要做一个"平等互助"的儿童！

6. 营造和谐、民主的学习氛围

叶圣陶先生说过："凡为教者必期于达到不需教。教师所务惟在启发导引，俾学生逐步增益其知能，展卷而自能通解，执笔而自能合度。"随着教育教学改革的推进，当今课堂中教师的角色已经发生了明显的转变，他们正在从知识的传授者、课堂的主导者向学生学习的指导者、促进者、学生人格的塑造者等多重角色转变。我们的课堂是教师的课堂，更是学生的课堂，因此教师在课堂教学中要与学生建立起平等和谐的新型师生关系，要以深沉的慈爱、温馨的情怀，创设出民主、和谐、积极、开放、融洽的课堂氛围。正如前苏联教育家赞科夫所认为的：智力活动是在情绪高涨的气氛里进行的，情感具有情境性。创设良好的学习情境，让学生在特定的情感气氛中学习，有利于激发学习兴趣，调动学习的主动性和积极性。

消失的字迹

上课铃声响过，物理老师昂首阔步地走进教室，拿起毛笔，蘸上清水在黑板上写了两个大字"蒸发"。刹那间引起了学生的好奇：老师这是要干什么呢？正当学生满头雾水的时候，物理老师叫起了一名刚刚在下面埋头看小说的同学："于洋同学，请问一下，我刚才在黑板上写了些什么？"于洋看了看锃亮的黑板，心里琢磨：这哪里有什么东西啊？而且也不像有擦拭过的痕迹啊，老师不会是看我没认真听课蒙我呢吧。于是他回答道："您写的东西没有在黑板上留下印迹，所以……我也不知道您都写了些什么。"

"不对啊，我刚刚分明在黑板上写字了啊？咦？我写的字跑哪里去了呢？"物理老师假装百思不得其解的样子。这时候，有同学喊道："没有了，看不见了。"更有爱开玩笑的同学说："变成蝴蝶飞走了。"……教室里顿时热闹起来。

物理老师得意地点了点头，示意大家安静下来："你们说的没错，它确实变成空气飞走了。同学们知道什么是'蒸发'吗，其实大家刚才所看到的现象就是'蒸发'，这节课我们就一起来学习有关'蒸发'的知识。"同学们顿时恍然大悟，情绪十分高涨。

问题：
1. 你觉得该教师的这段课堂导入设计得如何，并说明理由。
2. 请结合实际谈一谈，如何在课堂教学中实现教育与生活的有机融合？

第五章 掌控过程：学习过程分析与教学过程设计

第一节 教学导入：学习状态与动机的激发

 情景再现

"擦不净"的黑板

上课铃声过后，杨老师走进教室，发现黑板没有擦干净。于是灵机一动拿起黑板擦，并特意用黑板擦的背面，很夸张地去擦黑板上的字。但黑板上的字并没有因为杨老师的卖力而彻底消失。此时，有学生在下面小声提醒说："黑板擦被拿反了。"也有同学大笑不止："老师，怎么会犯这么低级的错误呢？"

正在这时，杨老师找一个笑得最起劲的同学来帮助自己。结果这名同学很快就把黑板擦干净了。杨老师假装一副百思不得其解的样子，问刚刚擦黑板的同学："你是怎么做到的呢？""因为我知道黑板擦的正确使用方法，而你用的是黑板擦的反面，当然擦不干净了。"于是杨老师继续问学生，黑板擦的正面和反面有什么不同？"有的学生一脸迷茫，有些反应快的学生回答说："一面是木头，而另外一面是布……"杨老师接着说："你说的没错，的确，黑板擦的一面是木头，而另外一面是布，但是两者到底区别在哪里呢？今天我们就来研究一下这个问题——摩擦力。"

案例点评：

讲台如舞台，教师如导演。一堂课的开始就如同一幕剧的序曲一样，好的导入能有效地吸引更多观众。俗话说："万事开头难"，"好的开始是成功的一半"。在讲授新课之前，如何激发学生的学习兴趣和求知欲望，使其一开始就有一个明确的探索目标和正确的思维方向，是一堂课成功的前提和保障。新课的引入是课堂教学的开始环节，好的引入能够唤起学生的生活经验，激活相关知识问题的链接，引起学生的好奇心和兴趣，调动学生的积极情绪，为下一步的教学创设一个良好的氛围。本案例中物理教师灵活应变，根据现有的场景进行"表演"，同时通过师生问答引导学生主动说出一些问题的原因，逐步设疑，让学生在质疑中进步。同时，明确本节课的思考方向和要探究的目标，通过师生互动不仅活跃了课堂气氛，同时也培养了学生的发现意识。

理论解析

（一）教学导入的意义

"转轴拨弦三两声，未成曲调先有情。"弹唱是一门艺术，教学也是一门艺术，好的曲调要有一个好的前奏才能引人入胜，同样完美的教学也需要讲求导入的技巧。特级教师于漪曾说过："课的第一锤要敲在学生的心灵上，激发起他们思维的火花，或像磁石一样把学生牢牢地吸引住。"一个好的开端是师生间建立情感的第一座桥梁，教师上课开始时的几句话若能先声夺人，把学生的心紧紧抓住，就能为课堂教学打下良好的基础，使整个教学活动进行得生动、活泼、自然。一个好的教学导入能够起到以下几方面作用：

1. 沟通交流

这里的"沟通与交流"有两层含义：一是情感上的沟通与交流。在现实教学中我们常常会看到这样一种现象：有些学生偏科，其原因是他喜欢某些学科的任课教师，而不喜欢另外那些学科的教师。这刚好验证了古人的那句话："亲其师，信其道。"有关如何让学生喜欢自己、如何让学生喜欢自己的课堂这一问题,相信很多教师都为之大伤脑筋。事实上,有经验的教师登上讲台后往往不会匆匆开讲,而是先用亲切的目光、关爱的语言等方式在学生之间架设一座信任、理解的桥梁,拉近师生情感,让学生乐中求知,乐中求学。这种以情优教、以情促学的导入方式往往能起到事半功倍的效果。二是教学内容的沟通与交流。一段声情并茂、简洁明了的开场白很快就能把学生带入与教学内容相关的意境中去,在最短的时间内帮助学生把学习状态调整到最佳水平。

2. 激发兴趣

爱因斯坦说得好:"兴趣是最好的老师,它可激发人的创造热情、好奇心和求知欲。"诺贝尔奖获得者丁肇中教授也曾说过:"任何科学研究,最重要的是看自己对所从事的工作有没有兴趣……比如搞物理实验,因为我有兴趣,我可以两天两夜,甚至三天三夜呆在实验室里,守在仪器旁,因为我急切地希望发现我要探索的东西。"课堂导入作为把学生从课前喧闹、散乱的状态引入到课堂肃静阶段的过渡,对学生学习兴趣的激发起着高效的催化作用。

3. 设置悬疑

古人云"学起于思,思源于疑","小疑则小进,大疑则大进","疑者,觉悟之机也"。可见"疑"之重要。好奇心是学生最显著的心理品质之一,如果教师能在导入环节巧设悬念,学生的求知欲望就会如久塞顿开的泉水般滔滔不绝。他们会迫不及待地打开课本,投入到知识的海洋中去寻找答案。正如亚里士多德所说的:"思维自疑问和惊奇始。"有了质疑这跟导火索,又何愁燃不起学生对知识的渴求呢?

(二)教学导入的基本要求

1. 导入要有针对性

教学导入要目的明确,富有针对性,突出一个"准"字。切忌为导入而导入,对于不同的教材和教学内容,应采用不同的导入方式。教学导入的针对性主要指两个方面。一要针对教学的实际内容而设计,使之与教学内容相辅相成。导入是正文的序,切忌离题万里,切入主题要准确,给学生以清爽的感觉。二是要针对学生的年龄特点、心理状态和原有知识基础来设计，以达到启动与激活课堂的目的。

2．导入要有连贯性

教学导入要具有连贯性，所谓的连贯性就是要把新旧知识衔接起来，突出一个"衔"字。导入不是孤立的导入，而是联系的导入。教学导入要找出新旧知识的衔接点，把握好切入点才能做到既有利于巩固旧知识，同时又利于新知识的讲授，切忌新旧知识两张皮。新旧知识之间的恰当衔接可以帮助学生构建知识框架，形成知识网，有利于学生从整体把握所学知识。

3．导入要有直观性

直观的东西往往比语言和文字更具有吸引力，会马上引起学生的注意。因此教学导入应具有直观性，突出一个"形"字。导入不宜过于抽象，应具体形象，易于学生理解。避免以学生不熟悉的材料事例或高难度的知识导入新课，同时注重借助教具以直观感呈现在学生面前，通过五官的感触激发学生的兴趣。

4．导入要有启发性

积极的思维活动是课堂教学成功的关键，所以教师在上课伊始就要运用启发性教学来激发学生的思维活动，因此教学导入要具有启发性，突出一个"奇"字。导入不能千篇一律，要各有特色。采取"一刀切"的导入模式会让学生感到枯燥乏味，应注意导入方式的多样性和新颖性，以调动学生探求知识的欲望，从而提高课堂效率。

5．导入要有艺术性

教学导入同样也是一门艺术，可根据导入目的的不同，采取灵活多样的表达方式，突出一个"活"字，以防"千篇一律，千课一面"。导入切忌生搬硬套，要从趣味性和灵活性上下功夫，以巧妙的开场白引导学生自然而然地步入学习的意境。

6．导入要有简洁性

语言大师莎士比亚说："简洁是智慧的灵魂，冗长是肤浅的藻饰。"这一见解是极为深刻的。教学导入要具有简洁性，突出一个"精"字，力争用最少的话语、最短的时间，切中要害，迅速而巧妙地缩短师生间的距离以及学生与教材间的距离，将学生的注意力集中到听课上来，收获立竿见影的效果。

（三）课堂导入与动机激发

1．动机与学习动机

动机是个体活动的推动力量，个体的所有活动都是由动机引起的，受动机的激发、调节和维持，学生的学习活动也不例外。学习动机是直接推动学生进行学习、维持学习活动的内部动力。一个学生是否想学习、喜欢学习什么内容、学习的努力程度如何，这些都能通过动机表现出来。

根据学习动机产生的诱因来源，可将学习动机分为内部动机和外部动机。内部动机是指诱因来自于学习者本身的内在因素，即学习者对学习活动本身发生兴趣而产生的动机，活动本身能使其得到满足。外部动机是指诱因来自于学习者外部的某种因素，如为了得到物质奖励、为了得到老师的肯定等。

2．调动学习动机的教学设计模式——ARCS模式介绍

ARCS是四个单词的首字母，之所以这样命名，是因为这种模式是通过引起学习者的注意（Attention）——使他们感到关切（Relevance）——帮助他们增强信心（Confidence）——和使得他们获得满足（Satisfaction）四条途径来激发学习动机的。

（1）引起学习者注意

引起学生的注意的条件有三个，分别是感知的唤起、好奇心的激发、注意力的保持。感知的唤起和好奇心的激发能起到引起注意的作用。引起注意是要给学习者施加足够强的刺激。比较难于实现的是注意力的保持，因为这个条件要贯穿在课堂教学的始终，教师要寻找一种对学生而言恰当的刺激，以维持学生的注意力。刺激过强会导致厌烦，过弱又不能引发学生关注。

（2）使学生对学习产生关切

关切（relevance）既包括对学习效果的关切也包括对学习价值的关切，学

生对某一事物的关切程度能够决定他们对这一事物的学习深度。产生学习动机的关切条件有三个：目标的定向，即能否恰当地满足学生的学习需要；动机匹配，即教师在教学中是否向学生提供了合适的选择；熟悉感，教学中的实例是否与学生原有的经验和知识相联系。根据学习关切条件的陈述，教学设计的内容一定要贴近学生的实际生活，考虑学生的原有知识水平，以学生的学习需要为出发点。

（3）增强学习者信心

信心是影响学生学习活动的重要因素。在 ARCS 模式中，形成学习动机的信心条件有两个：成功的经历，即帮助学生建立成功的经历和体验；个人的控制力，使学生懂得学习的成功是建立在自身努力的基础上的，增强学生自我控制能力。在教学设计中，要尽量设计一些环节或问题，以增强学生的成功体验，培养学生的自我控制能力。

（4）引导学生获得满意感

要想长期地维持学习者的学习主动性，就必须不断地让他们感受到学习的价值和乐趣，体会学习的满意感。主要体现在两个方面，一个方面是自我实现的满意感，即通过课程的学习能够感到自身能力的增强；另一方面是外部测评的满意感，即学生在参加各种考试时获得了满意的成绩。

实践指导

（一）教学导入的方式

一部好的电影，精彩别致的开头能扣人心弦，让人产生非往下看的强烈欲望；一首好歌，只要前奏一响，就可拨动听众心灵中的琴弦，"未成曲调先有情"。课堂教学也是这样，引人入胜的课堂导入，既能吸引学生的注意力，又能激发起学生的求知欲，还能起到承前启后、建构知识体系的作用。那么，在教学中如何设计导入才能充分发挥课堂导入"引起兴趣，自然承接，抓住时机，导入下文"的作用呢？实践中常用的导入方式有以下几种：

1. 开门见山式

开门见山,顾名思义,就是一上课教师就单刀直入板书课题,然后由课题生发开去,提出能够揭示教学要求和突破教学难点的问题,触发学生思维的灵感,引燃学生思考的火花。课堂最开始的五分钟往往是学生记忆力最好,也是学过最不容易忘记的一段时间。教师在课堂一开始就让学生明确这堂课的学习目标,能大大提高学生学习的目的性,使学生从始至终都有一个非常明确的学习目标,从而使课堂学习变得更加自主和独立。

例如,某位英语教师在讲授动词不定式的时候,考虑到在汉语中找不到与不定式相类似的语言现象,所以很多学生在掌握动词不定式时会颇感困难,因此采用了开门见山的方法。一上课就告诉学生,这节课我们要学习动词不定式,即 to + 动词原形,它在句中不能做谓语,但可以做其他成分,功能更多,用途更广。这部分的知识可能会有些难度,希望同学们认真学。同学们有了明确的学习目标,并且知道这部分的知识相对较难,因此整堂课都听得非常认真。

2. 悬疑导入式

巧设悬疑能够引发学生的学习兴趣,设疑只是使学生处于暂时困惑状态,进而激发解疑的兴趣,如果教师的开讲能引起学生的兴趣,那么学生学习的积极性就会大大提高。但须注意,悬念的设置要从学生的知识出发,恰当适度。不悬,难以引发学生的兴趣;太悬,学生百思不得其解,就会降低学习的积极性。只有不思不解、思而可解才能使学生兴趣高涨,自始至终扣人心弦,收到引人入胜的效果。例如,在学习"能被 3 整除的数的特征"时,一位数学老师先写出一个数"321",问学生这个数能不能被'3'整除,经过计算后,学生回答:"能!"接着老师让每个学生自己准备一个多位数,先自己计算一下能不能被"3"整除,然后来考考老师。每个同学报一个数,看老师不用计算,能不能迅速判断出哪些数能够被"3"整除,哪些数不能被"3"整除。这时,教室里气氛十分活跃,大家似乎都想来考倒老师。出乎意料的是,老师对学生所报的多位数都能快速准确地做出判断,学生们为此感到十分惊讶。接着,老师进一步质疑:

"你们自己不用计算，能准确地一眼就看出一个数能否被'3'整除吗？"学生们一个个摇头，都被难住了。此时，掌握新知便成了学生们最大的愿望。

3. 实物启发式

所谓"实物启发法"就是利用图画、卡片、课本中的插图或借助多媒体播放录音、录像导入将要学习的内容。通过利用图画、卡片等实物提问或讨论、叙述的方式让学生大概了解所要学习的内容，激发兴趣，提高学习效率。实物启发式导入可针对授课内容的具体特点，巧妙灵活地选择恰当的方式引入新课。

4. 启发诱导式

教师导入过程最忌讳平铺直叙，有经验的教师往往使学生不知不觉走入教学中，自己发现和掌握知识。研究发现，这类教师开讲时，善于对学生进行启发诱导，一层一层地激发起学生思维的涟漪。例如有位教师讲"圆"的概念时，一开头问学生："车轮是什么形状？"学生回答是圆形，教师又问："车轮为什么不可以做成三角形、四边形？"同学回答："无法滚动。"教师再问："那么为什么不做成椭圆形呢？"同学说："这样走起来会忽高忽低。"教师又问："为什么做成圆形就不忽高忽低了呢？"……至此，教师与学生自然地引出圆的性质"圆上的任意一点到圆心的距离相等。"

5. 以旧引新法

以旧引新法就是复习导入法，复习导入法是常用的一种方法，使用这种方法可以巩固学生所学知识，检查学生对所学知识的掌握情况，并以新旧知识的内在联系为纽带引入新课，使新旧知识紧密结合。用以旧带新的方法，使学生更容易学习和掌握新的知识。

6. 故事导入法

心理学家布鲁纳说过："学习的最好刺激是对所学材料的兴趣。"例如，一位物理老师在讲授《声音的产生与传播》一课中，引用刚刚在报纸上看到的《声波枪》这则新闻中的一段话作为导入，"目前，美国加州的一家公司已经成功研制出一种新式武器——声波枪，它可不是普通的枪，因为它发射的不是子弹，而是一种能量强大的声波，而且它专门用来袭击人类，被袭击者往往会感到胸闷、头痛、休克甚至死亡。假如声波枪所发出来的声音正无声无息地向我们袭来，我们怎样才能把自己保护起来呢？"新奇的问题一下就把学生的积极性调动起来了。

7. 实验导入法

某位教师在讲授《大气压强》一课时，设计了这样一个实验：

教师首先出示教具"模拟马德堡半球"实验中的两个半球，然后用抽气机抽气后，请两个力气大的同学上来，看他们能不能把两个半球拉开。他们费了九牛二虎之力都没有拉开，这是为什么呢？当学生们陷入思考的时候，老师给大家讲述了马德堡半球实验："其实，早在 17 世纪的时候，德国马德堡市长、科学家格里克就当众做了一个精彩的实验。他所用的黄铜半球直径约 20 厘米，抽气以后两边共用了十六匹马才把两个半球拉开。这就是轰动世界的马德堡半球实验。刚才的实验，老师可以不费吹灰之力就把它拉开，你们信不信？"于是老师又把抽出来的气放了回去，球一下子就拉开了。为什么抽气以后就拉不开呢？球的周围有什么？学生们对知识的渴望一下子就被点燃了。

（二）激发学习动机的 ARCS 模式应用指导

基于学习动机进行教学设计时，既要考虑学生学习动机的特点，又要结合影响学习动机的因素而设计。

根据学生不同的学习动机进行教学设计。学生之间存在个体差异性，不同的学生其学习动机是不同的。因此，要根据学生学习动机类型、水平的特点，进行教学设计，进而实施教学过程。具体在教学设计中，教师需要根据学生的内、外部动机的特点，追求成功、避免失败的动机类型等进行个别化的教学设计。例如，追求成功的学生要为其设定相对较高的学习任务，既提升能力又防止松懈；而面对避免失败的学生，教师要设计其能够实现的任务，增加其成功体验。

根据学习动机的不同影响因素进行教学设计。影响学习动机高低的因素很多。而学习动机的高低对学生的学习行为又有重要的影响，所以我们要根据其影响因素进行教学设计。影响学生学习动机水平的因素有：自我效能水平、归因特点、学习结果的强化、教师的关注与认可、物质奖励、表扬与批评。教师在进行教学设计时，要将以上因素纳进到教学设计体系中，通过相应的教学设计，促进学生学习动机的提高。

下面从注意、关切、信心、满意感四个关键词出发，对在教学设计中如何应用 ARCS 模式进行细致的指导。

（1）引起学习者注意

①利用矛盾和冲突来阐明问题

这是一种比较常用的教学方法。教师在引入新知识和新概念的时候通常要阐明它们与已学知识和概念的不一致和冲突。

②给出形象具体的描述

形象具体的描述较之抽象的说明更能引起学生的注意。

③利用变化

利用变化不仅可以引起注意，而且可以较长时间地维持注意。以下是教学中经常利用的一些变化：

学科的变化：数学、体育、哲学。

教学环节的变化：讲课、实验、习题课、讨论课、实习、参观。

教学媒体的变化：板书、幻灯、录像、计算机。

叙述方式的变化：陈述、提问。

分析问题角度的变化：正面、负面。

语调和节奏的变化：停顿和静默的运用。

④利用幽默

利用幽默能起到引起学生注意的特殊效果。尤其是在课程缺乏其他变化而内容又比较抽象和枯燥时，教师如能恰当地利用幽默往往会给课堂带来一种妙趣横生的清新气氛。

⑤利用师生地位的变化

请学生提问题、引导他们讨论和参与是既利于集中学生的注意力又利于改善教学效果的方法。

(2) 使学生树立对于学习的关切

①明确学习的近期和长远意义

学习的长远意义是要使他们懂得今天的学习对于祖国、民族和个人的基础性及长远性的作用和影响，使他们逐渐把正确的学习目的与正确的人生价值观联系起来。

学习的近期意义对于提高学生学习的积极性是很有帮助的。如果他们明确了课程的地位和重要性，学生们就会提高对于这门课程的重视程度，表现出更大的学习主动性。

②建立联系与类比

阐明新知识与已学知识的联系，并说明某些过去虽已涉及但尚无可能透彻解释的现象将在新的课程里得到完满的回答，将会增强学生对于新课程的关切和兴趣。

③提供学生参与教学和改善教学的机会

学生如能在教学过程中负一定的责任，做一定的决断，或是为其他同学提供一定的帮助，那么他对学习的关切程度一定会比被动学习时要高。

(3) 增强学习者的信心

①对不同条件不同程度的学生分别提出各自恰当的学习目标和要求；

②在难点上给予帮助；

③鼓励学生自己提出所要达到的目标；

④帮助学生及时分析成功和失败的原因。

(4) 引导学习者去体验和享受学习的价值和乐趣

①让学生享受自己的学习成果；

②教师对学生取得的进步应表现出充分的关注；

③恰当地表扬和鼓励；

④避免用威胁和监视的方法强迫学生学习，那样会破坏他们的学习兴趣。

 学以致用

镜头1

一位教师在讲授"声音的加工和处理"这一节课时，先播放了一段周杰伦的演唱会片段，课堂气氛异常火爆。随后这位教师说："大家看周杰伦唱得这么好，你们想不想也唱一曲啊？"学生回答："想！"于是这位老师再一次播放伴奏，让学生们演唱周杰伦的歌，学生们开心地唱了起来，此时课堂已经过去了8分钟……

镜头2

有位教师在教授"Excel 排序和筛选"时，正值"嫦娥一号"卫星发射成功。上课伊始，他让学生观看了"嫦娥一号"发射的片段，学生看得很专注，看完后老师说："同学们，你们知道吗，嫦娥一号发射时要处理大量的数据，而我们正在学习的 Excel 也能处理大量的数据，所以学好 Excel 非常有用，那今天我们就来学习 Excel 的两种重要的功能：排序和筛选。"

镜头3

有位教师在教授"海报制作"的时候，以上海世博会为蓝本，又是给学生观看视频，又是让学生欣赏图片，而后说："我们一起来宣传上海世博。"由此引出课题——海报的制作。

问题：

1. 课堂时间是宝贵的，在用情景作教学导入时，长短一定要适度，既要保证学生能入情入境，又要保证学生能够"进得去出得来"。请你结合实际谈一谈你在这方面是怎么做的？

2. 在教学导入时，应呈现什么样的情景才能保证其与本课的教学内容和

主题高度关联，起到画龙点睛的作用？

第二节　知识讲授：课堂的预设与生成

 情景再现

父亲的背影

怀着对朱自清先生的深深敬意，我和学生一起赏析了《背影》。学生被朱自清那优美的文笔、质朴的文风和字里行间流露出的浓浓亲情所感动。

"同学们，还有问题吗？"快下课的时候，我问了一句。

"老师，我可以谈谈自己的看法吗？"班长陈杨凡起身提问。

"当然可以。"我马上把目光转向他。

"假若我是朱自清，看到父亲这样艰难地爬月台为我买橘子，我不会只在车上流泪，我一定要亲自去买橘子。"

陈杨凡的提问激起了层层波澜。

"要是朱自清去买橘子，那我们还会读到《背影》这样脍炙人口、感人至深的作品吗？"伶牙俐齿的李艳艳反驳道。

"宁愿没有《背影》，也不能只在车上流泪。"陈杨凡显得很激动。

两个人各执己见。班里顿时乱了起来。

"好，老师统计一下，同意父亲去买橘子的同学举手——28人；不同意的举手——24人。"

此时，下课铃声响了。想起明天有作文课，于是，我布置了晚上的作业："回去查资料，明天举行辩论会——橘子该由谁买。要用道理和事例来证明你的观点。"

"Yeah！"学生们高兴地手舞足蹈起来。

第二天上课，我一进教室，学生的准备出乎我的意料，黑板上醒目地写着：辩论会——橘子该由谁买。桌椅重新调整，对面相坐，情绪高涨。我再次强调：

要据理力争。甲方为"父亲买"，坐左边，乙方为"朱自清买"，坐右边，一场辩论激烈地展开了。

甲方（陈秀苗）：我方认为：橘子应该由父亲买。文中提到父亲的"迂"、"老境颓唐，情郁于中"。我想，对固执、郁闷的父亲来说，他要坚持自己去买橘子，认为这样才能表达出父爱。对朱自清来说，适当依顺父亲，这也是孝顺之道。如果不让父亲去买，可能好心伤了父亲的浓浓的爱子之心。因此，我方认为：此时此刻，接受也是一种美德，橘子还是让父亲去买。

乙方（郑鑫）：我方认为朱自清应该自己去买橘子。即使父亲不让，可以劝说父亲："爸爸，我已20岁了，北京已来往过两三次了，还是我去买吧。"让父亲觉得自己长大了。"儿行千里母担忧"，在父亲面前要证明自己可以独立了，这也让丧母、赋闲的父亲心里得到安慰。（鼓掌）

甲方（徐锐）：文中说："他还是决定自己送我去，我两三回劝他不必去。"朱自清已经深知父亲的固执脾气，此时劝说没用的，还是默默地享受父爱吧！孟郊50岁时外出做县尉，老母亲在昏黄的油灯下，"临行密密缝，意恐迟迟归。"孟郊没有劝说母亲，而是在油灯下，默默地陪伴母亲。孟郊和朱自清一样，都是在默默地享受母爱和父爱啊！

乙方："默默享受父母之爱"没错。但是，文章末尾说道："我身体欠安……大约大去之期不远矣。"体弱多病的父亲来信，让朱自清回想起当年"默默享受父爱"一幕，悔恨交集，泪眼纵横。我想因为朱自清写《背影》的时候，他父亲还在世，如果不在人世，就"树欲静而风不止，子欲养而亲不待"了。所以我认为朱自清应该自己去买橘子，而不能只是流泪，这也太不像男子汉大丈夫了！

甲方（张小敏）：不对！（显得很激动，拿出查阅的资料）他是真正的大丈夫，1948年6月他虽贫病交加，却在抗议美国扶植日本和拒绝接受"美援"面粉的宣言上签名，毛主席曾高度赞扬了他的这种民族气节，他正如孟子所言："贫贱不能移。"他是最有骨气的人。我认为朱自清流的是感动的泪，而不是悔恨的泪。（鼓掌）

乙方（杨新）：我还是认为朱自清应该自己去买橘子。"男儿当自强"，朱自清此时都20岁了，该自立了。居里夫人15岁时就独自一个人到偏远的地方当家庭教师，安徒生14岁就只身一人到举目无亲的京城闯荡。让父亲去买橘子我认为是不对的。

甲方（杨晓珍）：爱，有时是没有对错的。我在《读者》上看到这样一个真实的故事：游子探亲期满离开故乡，母亲送他去车站。在车站，儿子旅行包的拎带突然被挤断。眼看就要到发车时间，母亲急忙从身上解下裤腰带，把儿子的旅行包扎好。儿子问母亲怎么回家？母亲说，不要紧，慢慢走。多年来，儿子一直把母亲这根裤腰带珍藏在身边。多少年来，儿子一直在想，他母亲没有裤腰带是怎样走回十二里地外的家的（眼中噙着泪水）。那按照对方辩友的逻辑，儿子也是不对的。我想，父母之爱对儿女来说，意味着巨大的财富，我们也要把这笔财富传给下一代啊！（鼓掌）

乙方（王成新）：自立也是一笔财富啊。安徒生在谈到《丑小鸭》这部作品时，曾经说过这么一句话：我就是那只丑小鸭。请问，如果安徒生没有那样的生活经历，哪有《丑小鸭》这部经典的童话。（鼓掌）

甲方（李晓立）：如果没有父亲艰难的买橘子，能有《背影》吗？（鼓掌）。

乙方（杨佳佳）：感人至深的事例可以写别的，但我认为橘子一定要自己去买。（掌声）

......

学生辩论得差不多了，该是我出手的时候了。我说："同学们辩论激烈，双方都有道理，老师觉得这场辩论输赢并不重要，重要的是大家很投入地参与这场辩论的过程。老师建议大家课外读一读朱自清写的散文《月光下的人生》，这部作品能带给大家美的愉悦、情的感染。尤其是朱自清那无悔的一生，是一部活生生的人生教科书。"

（选自互联网——语文轩）

案例点评：

什么是理想的课堂，叶澜教授曾指出："课堂应是向未知方向挺进的旅程，随时都有可能发现意外的通道和美丽的图景，而不是一切都必须遵循固定线路而没有激情的行程。"从上述案例可以看出，在教学过程中，教师不仅要把学生看做"对象"和"主体"，还要看做教学资源的重要构成者和生成者。教师在教学过程中的角色不仅仅是知识的呈现者、对话的提问者、纪律的管理者，更重要的是课堂教学中呈现信息的重组者。在课堂中，学生会生成各种情况，对文本的理解会生成这样、那样的问题，这就要求教师要及时调整自己的预设来激发学生内在的情感，使学生的心灵得到净化，对文本的理解更加深入。

理论解析

课堂教学是一门艺术，有时甚至可以简化为教师把握预设与生成的艺术，即如何在备课中有效预设，如何通过预设去促进生成，如何在课堂中通过生成来实现预设的目标。著名教育家叶澜教授指出："要从生命的高度、用动态生成的观点看课堂教学。课堂教学应被看做是师生人生中一段重要的生命经历，是他们生命中、有意义的构成部分，要把个体精神生命发展的主动权还给学生。"这段话启示我们：课堂教学不再是教师按照预设的教学方案机械、僵化地传授知识的线性的过程，而应是根据学生学习的实际需要不断调整的、动态发展的过程。例如上述案例中的这位教师就很好地把握了课堂的生成性资源，根据学生所提出的问题，对原有的教学计划进行了即兴调整，并收获了不小的成绩。

总之，备课需要预设，教学需要生产，教学过程的生成性对教学预设提出了更高的要求。只有创造性地使用教材、全面地了解学生和有效地开发课程资源，做到随机应变，预设才能富有成效。同时，也只有在实施预设时不拘泥于预设并智慧地处理预设与生成的关系，生成才会更加精彩。

（一）预设的必要性

预设是教师对教材的理解与把握，体现了教师与教材的对话，展现了教师

与教材思想的交流，融入了教师对教材情感的升华。可以说，没有预设时的全面考虑与周密设计，就不可能有课堂上的有效互动与动态生成，也不会有上课前的胸有成竹和课堂上的游刃有余。

新课程突出强调课堂教学的自主性与生成性，这并不是对备课中预设标准的降低，而是对预设的灵活性与人文性提出了更高的要求。它要求预设能真正关注全体学生的全面发展，为每个学生提供主动积极活动的机会，让不同层面的学生得到不同的发展，在立体式互动中促使师生同成长、共发展。教师要做好预设，首先要深入理解教材，挖掘教材本身的资源，以教材为基点，预设成教学中使用的教案。其次，尽可能多地了解学生、预测学生自主学习的方式和解决问题的策略，乃是科学预设的一个重要前提。教师不但要预设学生的"已知"，还应该注重预设学生的"未知"。在教学方案设计中要有"弹性区间"，为学生的主动参与留出时间与空间。教师在自己的头脑中，预设出学生可能出现的情况、课堂中可能出现的问题，再设想怎样围绕教学计划去处理、解决这些问题。例如，制定"圆形面积的计算"一课的教学计划时，教师应考虑到有些学生可能已经知道圆形面积的计算公式，因此，在制定教学计划时至少要预先设计两种教学方案：对计算公式未知的学生，该如何引导自主探索；对计算公式已知的学生，又将如何引导进一步确认并追溯公式的来源。教师只有尽可能地预设各种可能，才能做到心中有数，临阵不乱。只有这样，当课堂出现未曾或无法预见的情况时，教师才有足够的智慧去应对，从而将课堂引向精彩，而不至于听之任之，甚至手足无措，方寸大乱。

（二）生成的必然性

1. 教学需要生成

教学是教与学的双向互动，学习不是单纯地由教师向学生传递信息，更多的是学生对于信息的加工和理解。事实上，教师所传达的外部信息本身并没有意义，信息的意义是学习者通过新旧知识和经验间反复的、双向的相互作用过程而建构成的。在这个过程中，学生不是被动的信息接收者，而是知识的主动加工者。学生要对外部的信息进行选择和处理，将其内化为自身的一部分。每个学习者都以自己原有的经验系统为基础对新的信息进行编码，建构自己的理解。而原有知识又因为新经验的进入而发生调整和改变，所以说学习过程并不是信息的简单输入、存储和提取，而是新旧经验之间的双向的相互作用过程。这个过程是别人无法替代的。因此，备课中教师对知识、对学生的预设并不能替代课堂中的生成，也就是说课堂教学只要存在教与学的互动，那么生成就自然必不可少。

2．教学能够生成

传统教育以传知为目的，注重的只是学生对于知识的掌握。在这一过程中，师生交流呈单向传输方式，学生只是接受知识的机器。为改变传统教学中存在的不足，需要教师在实现教学目标和任务时由以传知为主转向以启智为重。注重知识获得的过程，开放课堂教学的过程，关注学生应用实践的过程。在这种注重过程的教学中，教师可以打破那些过分强调结果性预设的条条框框，创设开放性的教学情境，关注学生思维和情感的发展，把握学生的学习动态，及时捕捉生成要素。同样学生也会作为一股鲜活的生命力量，带着自己的知识、经验、思考、灵感积极参与课堂活动。这无疑会唤醒、开掘和提升学生的潜能，促进学生在教师指导下主动而富有个性地学习。在这样的课堂上，生成不仅切实可行，而且确实能行。

（三）预设与生成的关系

课堂是一个充满活力的生命整体，处处蕴含着矛盾，其中生成与预设之间的平衡与突破，就是一个永恒的主题。苏联著名教育家苏霍姆林斯基说过："教育的技巧并不在于能预见课堂的所有细节，而是在于根据当时的具体情况，巧妙地在学生不知不觉中做出相应的变动。"

预设是课前对教学目标、教学内容、教学过程、教学方法的预先设计。生成是指在具体教学中因学情的变化，对目标、内容、过程、方法的适当调整以及在教学中由于教师的教学机智和合理调控而产生有价值的问题，解决问题的思路、方法，学生出色的、出人意料的回答，教师精当的点拨或讲解。这些资源的出现和适时运用使课堂闪光，使学生顿悟，使学生在知识、能力或方法上实现自我建构。预设体现的是对文本的尊重，生成体现的是对学生的尊重；预设体现的是教学的计划性和封闭性，而生成体现的则是教学的动态性和开放性。在课堂教学中，预设与生成是一对矛盾统一体。课堂教学需要预设，但是又不能完全依赖于预设。没有生成的课堂往往死气沉沉，没有预设的课堂则会杂乱无序。充分的预设是课堂教学成功的保障，而动态的生成则是教学高度与深度的提升。事实上，课堂教学是千变万化的，再好的预设也不可能预见课堂上可能出现的所有情况。因此，教师只有精心预设、机智生成，才能更好地驾驭课堂，让课堂呈现别样的精彩。

实践指导

如果说传统课堂把生成看做是一种意外收获，那么新课程则把生成当做是一种价值追求；如果说传统课堂把处理好预设外的情况看成是一种教育智慧，新课程则把生成当成彰显课堂生命活力的常态要求。新课程标准下的教学形成了新的预设与生产关系，一方面学习过程中内容的丰富性、过程的开放性和思维的发散性决定了生成在课堂教育中的必然性；另一方面，对一定的生产结果来说，一定的预设是必不可少的，它是生成学习的起点，也是教师检验反馈信息和促进学生下一步学习的重要依据。在教学中如何处理预设与生成的这种对立统一关系呢？这就要求教师把课堂营造成精心预设与即时生成相统一的多元发展过程，实现预设与生成的统一和转化，这样我们的课堂才是充满生命活力的课堂。

（一）预设过程——奠定生成的基础

《礼记·中庸》有言曰："凡事预则立，不预则废。"这虽是一句古语，但用在现代教育领域中却仍然适用。课堂教学要想取得成功，教师在备课中就必须做好充足的功课。首先教师必须了解学生；其次要拓展教学空间，选取有意义的内容对教材进行深入加工，创设各种探究情境，尽可能多地将学生在学习中可能出现的情况预设成各种问题。

例如，某学校的一堂公开课"常见气体的制取、检验"上出现了这样一幕：有一组同学发现制取二氧化碳后检验时，澄清的石灰水并没有变浑浊。面对问题学生非常奇怪，董老师及时组织大家讨论问题出现的原因。这时有的学生着手检查装置的气密性，有的学生检查药品是否用错，还有的检验收集方法是否正确，也有的说实验过程中好像闻到了刺激性气味，是不是盐酸过大而导致的。这时老师撕开覆盖的标签，大家一看果然是一瓶浓盐酸。原来是老师"预埋了一颗炸弹"。同学们对生成的问题讨得不亦乐乎。

（二）自主探究——搭建生成的桥梁

教学的终极目标是创造性地促进受教育者的身心发展，把他们培养成社会主义建设的合格接班人。在这个过程中，教育者必须自始至终地关注学生作为教育活动主体的自主性、能动性和创造性，把学生主体生命状态的存在和发展质量置于崇高的地位加以高度重视，把对学生主体精神的激发、呵护和研究提高到真正的人学水平上来。这就要求教师在教学中以学生为主体，让学生在一定的教学任务下和问题情境中主动参与探究知识的过程，这包括让学生自主制定探究规划，独立查找学习资源，自主领悟探究内容，发现疑惑所在，提炼知识主干，构建知识网络等。只有让学生自主探究，把学习的自由、学习的权利、学习的空间和学习的快乐还给学生，才能让学生产生自己的思考，提出自己的见解，获得自己的体验，这些都是最终将教学信息和教学材料升华为生成的必要条件。

例如，某位教师在讲授"物质的探究"一课时发生了这样一幕：在探究氢氧化钠是不是部分变质时，老师首先安排同学们进行小组讨论，自行设计实验方案，然后再和老师一同对实验方案进行可行性分析。某小组的同学没有按照老师的要求先讨论实验方案，而是迫不及待地开始实验，在药品中加了酚酞，结果全是红色。老师发现后把这组同学叫起来，表扬了他们学习的积极性，同时问道：你这样能验证氢氧化钠部分变质吗？那几个同学思考后也觉得方法有问题，还是应该先讨论实验方案的可行性，然后再动手实验。对于学生生成的问题，教师应视其为促进学生深入学习和思考的课堂教学资源，提升即时问题情境的思维价值，应对这些问题进行补充、修正、提升预设方案，使之成为促进学生深入学习和思考的课堂教学资源，让动态生成真正地为完成教学目标服务，从而提升学生的认识，挖掘学生的潜能。

（三）合作交流——构筑生成的平台

随着现代教育的发展，人们越来越清醒地认识到：学生的学习是一种自主的建构过程，是学生个体将外在的知识观念转化为其内部的精神财富的过程。离开了学生自身这样一个积极的、主动的内化过程，教师任何主观的灌输都是徒劳的。合作交流是学生的一种很好的学习形式，采用合作交流的自主学习方式可以让我们的课堂教学更加生动多彩。合作交流有别于传统教学的双边互动，它强调课堂教学中的多边互动，不仅要求教师对课堂进行整体把握，调控教学进程，同时要求教师关注与学生的互动，注重学生之间的交流。借助合作交流这个平台，学生们将先行自主探究而产生的思考、见解和体验拿出来，通过群体思维活动与大家共同探讨。在教师的适时引领下，在观点的交锋和思想的碰撞过程中，相互启发，去伪存真，最终炼得"真金"，达成思想上的共识。通过学生之间的交流与合作实现课程教学的生成，从而使生成更深刻，更深入学生内心。

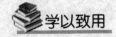
学以致用

课堂上的意外

伴着铃声，我走进教室。这节课准备给孩子们上语文七色光中的"日积月累"和"趣味语文"。（附"日积月累"内容："雾锁山头山锁雾，天连水尾水连天"、"绿水本无忧，因风皱面；青山原不老，为雪白头"、"山山水水处处明明秀秀，晴晴雨雨时时好好奇奇"、"重重叠叠山，曲曲环环路；丁丁冬冬泉，高高下下树"）由于这几天忙于教室的布置，我并没有精心设计教学目标，凭着原有的经验将"日积月累"的教学目标定位于：阅读四组对联，感受汉语的节奏美，体验句子的对称美；

在朗读中去发现上下联的对偶关系，在领悟的基础上熟读、背诵、积累。整个教学过程在我的"掌控"下一步一步地进行，学生们也逐渐明白了上下联的意思及对偶关系，基本上也会背诵了。正当我准备检测学生背诵并就此结束"日积月累"的教学时，一个学生突然举起了手，我本以为他是主动示意要背诵这四则对联，于是就高兴地请他起来。"老师，读第一则回文联让我想起了我和爸爸去花果山水帘洞旅游，在那里我也见过一则回文联：洞帘水挂水帘洞，山果花开花果山。"这名学生站起来并不是背诵"日积月累"中的对联，他的发言不仅让我为之一震，也让其他同学大吃一惊，教室里顿时热闹起来。学生们的兴趣不再是背诵四则对联，转而"研究"起了对联。是继续按既定目标进入下一环节的教学，还是决定改变教学计划？该教师有些不知所措。

问题：

1. 如果你是这位教师，你会怎么做？

2. 你这么做的理由是什么？

第三节 课堂小结：知识的归纳与升华

 情景再现

蝴蝶的美丽

最近，某学校举行了一次数学教学研讨活动。活动中两位教师同时讲授了"轴对称图形"一课。两位老师截然不同的课堂总结给大家留下了非常深刻的印象。

[案例一]

师：同学们，通过这一节数学课的学习，你们掌握了哪些知识？

生1：我认识了轴对称图形。

生2：我知道对折后能完全重合的图形就是轴对称图形。

师：很好！你们还学会了什么？

生3：我还认识了对称轴。

师：对！这节数学课我们学习了轴对称图形的特征，知道对折后折痕两边的部分能完全重合的图形就是轴对称图形，还认识了对称轴。同学们都掌握得不错！

[案例二]

这位教师在课的开头部分用了一只蝴蝶引入，在课的结尾部分再一次请出了这只蝴蝶。

师：这只蝴蝶看同学们学得这么认真，它给我们送来了一件礼物作为奖励。大家想知道是什么礼物吗？

生：（齐声）想！

师：（出示一个黑体的"美"字）蝴蝶送给大家的是什么礼物呀？

生："美。"

师：对！可是蝴蝶为什么要把这件礼物送给大家呢？

生：因为这个"美"字也是一个轴对称图形。

师：你说得真好！轴对称图形有什么特点？

生：图形对折后，折痕两边的部分能够完全重合。

师：好的。还有其他原因吗？

生：蝴蝶是在夸我们刚才创作的轴对称图形很美。

师：对！轴对称图形看起来很舒服、很匀称。

生：蝴蝶是在表扬我们的心灵很美。

生：蝴蝶是想提醒我们要仔细观察，去发现生活中的美！

师：大家说得多好呀！那我们就用自己的眼睛去发现生活中的美，用自己的双手和聪明的头脑去创造美吧！

案例点评：

两种风格完全不同的课堂总结取得了完全不一样的教学效果。案例一中的课堂总结平淡无味，学生面对老师千篇一律的提问，只是被动地回答问题，完成任务。而案例二中的课堂总结标新立异，让学生们兴趣盎然，能够积极参与到课堂总结当中。这样的课堂总结既关注了知识技能的总结，又重视了情感态度的升华，可谓是一举两得。下面我们就结合这两个案例来看一看课堂总结都需要注意哪些问题。

（1）课堂总结同样要巧妙设疑。提起课堂教学的导入，相信很多教师都会非常注重导入的艺术，巧妙设疑，激发学生的学习动机。然而在课堂总结部分很多教师往往都缺乏这一意识。其实，如果教师能够在课堂总结部分巧设疑问，往往能起到"一石激起千层浪"的奇效，学生会兴趣大增，进而思维活跃。如案例二中，教师适时设疑：蝴蝶为什么要把一个"美"字送给大家？紧密联系本节课的学习内容，激发了学生主动思考的热情。同时，由于问题的答案并不唯一，学生可自由检索已有的认识和经验进行思考，为全面地进行本节课的学习总结留下了空间。

（2）课堂总结要适度提升。很多教师的课堂总结都好像是在机械地完成一个必须完成的任务，总是以"你学会了什么""你掌握了什么"等问题来草草收兵，面对这样的总结学生难以达到知识上的提升和情感上的升华。如何才能体现课堂总结的价值和意义？这对教师提出了更高的要求：即在课堂总结部分进行有效的预设，让学生获得更丰富的学习体验。如案例二中，教师由"美"字是轴对称图形及时引导学生概括了轴对称图形的特点，这是知识上的提升；让学生由"美"字联想到轴对称图形的美和人的心灵美，联想到要仔细观察，善于发现、主动创造美，自然地实现了情感上的升华。

🔍 理论解析

不少教师精心设计的过程很精彩，然而在课堂总结时却总是千篇一律地问："这节课你学会了什么？""通过本节课的学习你有什么收获？"如果每节课都以这样的方式结束，就显得非常的单调而没有创新性。课堂教学过程有很深的学问，很多教师都在潜心研究。在教学过程中，有的教师非常注意课的导入，有的教师精心设计课堂提问，但很多人却忽视了课堂小结的作用。在结束时，

无话可说，以致一堂精彩的课变得平淡索味。所以，在教学中应把课堂的收尾工作纳入为一个重要环节。

（一）课堂小结的作用

良好的课堂导入能产生"课伊始，趣亦生"的作用，巧妙的课堂小结同样能达到"课虽终，趣犹存"的境界。一节课的最后几分钟，往往是学生大脑最疲劳、注意力最容易分散的时候，如果教师能够精心设计一个新颖有趣、耐人寻味的课堂小结，不仅能巩固知识、强化兴趣，还能进一步激起学生求知的欲望，在愉快的氛围中把一节课的教学推向高潮。课堂总结的主要任务就是通过"巩固"和"应用"升华主题、概括要旨。巩固是为了使得学生对这一堂课学到的知识再次有一个总体印象，加深记忆痕迹；应用是为了使学生能够灵活运用所学知识来解决实际问题，是对其认知、情感和行为的一个更深层次的发展。

1. 巩固所学知识

人的大脑是一个记忆的宝库，人脑经历过的事物、思考过的问题、体验过的情感和情绪、练习过的动作都可以成为人们记忆的内容。从"记"到"忆"是需要一个过程的，这其中包括了识记、保持、再认和回忆。德国心理学家艾宾浩斯（H.Ebbinghaus）研究发现，遗忘在学习之后立即开始，而且遗忘的进程并不是均匀的。最初遗忘速度很快，以后逐渐缓慢。他认为"保持和遗忘是时间的函数"，并根据他的实验结果绘成描述遗忘进程的曲线，即著名的记忆遗忘曲线。有很多人在学习的过程中，只注重了学习当时的记忆效果，孰不知，要想做好学习的记忆工作，是要下一番功夫的。单纯地注重当时的记忆效果，而忽视了后期的保持和再认，同样是达不到良好的效果的。而我们的课堂小结恰恰就能起到帮助学生巩固知识的作用。

2. 延伸学习兴趣

教学过程结束阶段的第二个作用是延伸学习兴趣，使学生学会运用学到的新知识去解决实际生活中所遇到的问题。教师在结束阶段要为学生提供必要的练习素材，题目难度要适中。过难不利于学生建立学习信心，过易会使学生感到没有挑战性。对知识的运用与实践是使所学知识得到巩固和提升的一次飞跃。因为只有要求学生在各种条件下再现、重新组合、灵活运用所学知识，才能更好地培养学生分析问题和解决问题的能力，有利于学生创造性的发展。

（二）当前课堂小结部分存在的问题

课堂小结虽然是课堂教学中一个微不足道的环节，但却是课堂教学中不可或缺的重要组成部分。明代文学家谢榛曾经说过："起句当如爆竹，骤响易彻，结句应如撞钟，清音有余。"巧妙的课堂小结为一堂课是否精彩留下悬念，对整堂课能起到"画龙点睛"的作用。然而在实际的课堂教学中，往往存在着这样的现象：首先，教师对课堂教学的导入给予高度的重视，因为它为一堂课是否成功埋下了伏笔，好的导入可以激发学生的求知欲望，使学生以最快的速度进入学习的最佳状态；其次，教师对新知识的学习过程很重视，因为它们是课堂教学的重点，是一堂课最出彩的地方，也是教学中最关键的地方，直接关系到学生对知识的掌握；再次，教师对课堂练习的设计很重视，因为它是发现问题、检验学生掌握知识的主要手段和途径。通过以上的描述，我们不难发现，在这一系列的课堂教学过程中，教师唯独对课堂小结部分没有给予充分的关注。课堂小结不是平淡无味地总结知识，就是轻描淡写地一带而过。甚至有时候，还没有轮到课堂小结，下课的铃声就已经敲响，只好草草收场，不了了之。

通过对现有教学状况的调查研究，我们发现造成目前课堂小结低效的原因主要有以下几个方面。

（1）教学时间安排不合理。通常来说，课堂小结是课堂教学中的最后一个环节，这也是使它成为课堂教学各环节中的"弱势群体"的一个主要原因。很多教师在备课设计中能够给课堂小结留有充足的时间，然而课堂教学的计划往往没有变化快，经常会由于教学环节所出现的这样或那样的情况而耽误时间，以致于课堂小结部分的时间被其他环节所占用。

（2）教师思想上不够重视。部分教师在教学预设中往往更加注重新课的导入、教学过程的优化以及练习环节的强化，教师追求的是课堂教学过程的完满与创新，而对结尾部分却关注甚少。甚至认为只要教学过程完成，一堂课的成败就已成定局，即使在课堂总结部分做再多的功课，也不会对课堂教学效果有多大的提升。

（3）总结形式不够丰富，缺少变化。目前课堂总结的形式多样化不足，针对性不强，主要集中于传统的教师小结型和学生自主归纳型。这种千课一律的课堂小结方式不仅让学生觉得枯燥无味，同样会使教师看不到课堂小结的明显效果，正因如此，课堂小结才会被很多教师所忽略。

（4）学生对于知识的梳理能力较差。有时候，在一堂课即将结束的时候留给学生适当的时间看看课本，思考一下还有没有不解的困惑，这原本是一种很好的梳理知识的形式。然而实践的经验告诉我们，现在很多学生都不太会或者说不太喜欢阅读课本。比如，在布置任务之后，接着我们就会发现，除个别学生认真阅读外，不少学生在一目十行式的看完后就开始东张西望，期盼着下课铃声的响起。这从一个侧面为我们的教师提出了新的要求：如何帮助学生学会阅读，学会总结。

（5）板书过少过简，影响课堂小结效果。新课标理念下的课堂，教师使用更多的是精美的课件和新颖的教具，而忽视了板书的作用。有时候，甚至一堂课结束了，黑板上却没有留下一个字迹。这样的课堂教学不仅影响学生学习新知，也影响了学生的自主小结。因为有效的板书能完整、科学地展示知识的产生、形成与发展的过程，有利于学生对所学知识的理解和掌握，有利于学生自主建构知识体系。有效的板书是教师的"微型教案"，也是学生进行课堂小结的一个知识框架和参照标本。

实践指导

（一）课堂小结的方法

俗话说："编筐编篓，贵在收口。"一堂课无论导入得多么引人入胜，进行得多么精彩纷呈，如果没有总结阶段的点睛与升华，亦不能算是好课。课堂总结看似简单，其功用却大有讲究。好的课堂总结既是对学生知识学习的总结与评价，也是对学生情感与态度的唤醒与升华，能够使学生的认知和情感在原有基础上得到发展和提高。如何摆脱课堂总结存在的草草收兵、流于形式的弊端，提高课堂总结实效，这里介绍几种常用的课堂收束方法：

1. 归纳法

所谓的归纳法是指教师在本堂教学结束的时候，指导学生用精练简洁的语言进行归纳，要求突出重点、难点，使学生在大脑中形成完整的知识系统，构建清晰的知识脉络。这种结尾方式是绝大多数教师采用率最高、最常见的一种方式。每节课结束时，为了让学生较为系统地掌握本节课的内容，教师要引导学生用准确简练的语言，对该节课的学习内容进行提纲挈领的说明，并对教学重、难点和关键问题加以概括、归纳和总结。比如数学老师讲完"组合图形面积计算"的课时，让学生归纳出这类知识的解决方法：分解图形；分别求面积；求和或差。因为在课堂上这些知识是被分层、分步地讲解的，所以在"结课"时，教师归纳提炼出知识的联系规律是很有必要的，这种方式在数、理、化教学中均可采用。根据教学内容的不同，梳理知识可以采用四种不同的方式：

阅读式：在课结束时安排适当的时间让学生看看课本。

问题式：师生通过提问的方式，在一问一答中将课堂上的所学知识串联起来，形成系统结构。

口诀式：即教师结合教学内容，精心编制口诀让学生朗读、记忆的总结方法。

图表式：用图表或列表的方法归纳总结当堂课所学的知识，或揭示已学知识之间的联系与区别。

2. 迁移法

在课堂小结阶段教师可引导学生根据课堂教学的内容、联系生活实际创设问题情境、对所学知识进行迁移来结束教学。例如在教"圆柱体的表面积"新授课时，某位教师是这样结束的：

师：这节课我们学习了圆柱体的表面积，这是在生活中运用十分广泛的数学知识，现在有这样一个问题，你们谁能解决呢？为了美化校园环境，学校要给长廊的四根柱子刷漆，现在请大家都助老师算一算需要刷墙漆的圆柱体面积是多大好吗？（圆柱高度已知）

生1：我能解决！我可以先测量出圆柱的底面的面积，再用圆柱体表面积公式就可以算出来了。

生2：我是这样想的，还要减去底面部分和棚顶部分的面积。

师：回答得很好，考虑得很细致，同学们都应像他那样把学到的知识灵活运用到实际中去。今天回去再实际测量、计算一下，好吗？

这样联系生活实际迁移的结束教学方式，使学生体会到生活中处处有数学，可以用数学解决生活中的实际问题。

3. 点拨法

在新课结束后，教师对关键问题有必要再次点拨，使学生顿悟所学知识的本质内容，起到花中采蜜、沙中淘金的作用。例如："等边三角形的判定"一节课，可根据如下定义来判定：(1) 三边相等的三角形是等边三角形。(2) 三个内角都相等的三角形是等边三角形。(3) 有一个角是60度的等腰三角形是等边三角形。在课结束的时候，教师可通过提问启发的形式，强调证明过程中的关键是引辅助线，通过辅助线来帮助我们寻求解决问题的途径，使学生获得一把解决问题的钥匙。

4. 前后呼应法

前后呼应法是指教师在课堂教学结束时呼应课前内容，前后贯通形成整体，把学生的思维紧紧地扣住，形成深刻的印象。如：一位老师在上"小蝌蚪找妈妈"一课时，说道："我们一起去帮小蝌蚪找妈妈。"在课堂结束时，老师又问："你们现在知道谁是小蝌蚪的妈妈了吗？小蝌蚪的妈妈都有些什么特点呢？"使学生在无形中中了老师的"圈套"，主动小结本堂知识，达到了多重效果。

5. 设疑激趣法

古人云"学贵有疑，小疑则小进，大疑则大进"，这句话的深层含义是不言而喻的。它十分中肯地告诉我们"质疑"的重要性。美国学者布鲁巴克也曾说："最精湛的教学艺术遵循的最高准则就是让学生提问题。"设疑就是创设问题，激发学生的好奇心，设疑激趣是训练科学思维方法的过程，是通向智慧的桥梁。教学结束时若能巧妙置疑、制造悬念，则能激发学生继续深入的欲望和动机。例如：一位老师在上完"能被 2、5、7 整除的数的特征"时，在结束语上说："同学们掌握了能被 2、5、7 整除的数的特征，大家能不能根据我们本节课所学习的知识出几道题目考一考其他小朋友呢？"老师在对学生本堂表现进行肯定后，把主动权抛给学生，引发学生的再思考，学生的学习兴趣也有了明显提高。

6. 情感升华法

知识小结是课堂教学中必不可少的环节，也是情感提炼和升华的过程。在课堂小结部分教师可以结合本节课所学习的主要内容，用饱蘸着情感的语言来营造一种特定的气氛，促使学生在情感上共鸣，形成教学高潮。例如在讲完余光中的《乡愁》后，有一位老师用这样的结语来结尾："每个日落的黄昏，每个月圆的夜晚，每阵歌楼的雨点，每阵西风里断雁的叫声，都会牵动游子的离愁别绪，都会勾起对故乡的眷恋。诗人们都会把难以排遣的思乡之愁诉诸笔端。于是我们便能欣赏到这一首首凄婉哀伤的诗歌。当我们感受着诗人那绵绵的思念、那柔美的哀伤时，我们由衷地希望这样由于历史原因造成的隔阂能真正成为历史，我们期盼欢乐的笑声能久久回荡在海峡的两岸。"

7. 趣味游戏式

这种方式是根据儿童喜欢做游戏的心理特点，把游戏与课堂教学结合起来，通过游戏使学生的身心得到放松、浓厚的兴趣得以保持，让学生在兴趣盎然中结束新课。

8. 提问反思法

课改以前，课堂小结时教师常常这样问学生："这堂课我们都学习了哪些知识、掌握了哪些概念？应该注意哪些问题？"课改以后，课堂小结时教师常常这样问学生："通过这节课的学习你收获了什么？"从教师提问方式的转变中，我们可以看出教师教育理念的转变。事实上，知识讲授结束后，学生对新知识的认识基本上停留在听懂、会算、了解这些浅层的认识上，对新知的整体把握与认识还不完整。所以，课堂小结时，可以让学生谈一谈自己对知识的理解、对方法的运用有哪些不足和新观点。

不论是哪一种方式，只要学生乐意接受，只要有助于增强教学效果，便是最好的方式。同时，对于某一确定的课题，收束的技巧也不是唯一的，既能单独运用，又可融会贯通，以求达到最理想的教学效果。

（二）课堂小结的策略

第一，保证时间充足。为使课堂总结收到良好的效果，真正实现总结的目的和意义，教师在时间安排上一定要给小结部分留有充足的时间保障，少则两三分钟，多则四五分钟。这是课堂小结有效进行的基本前提。

第二，准确把握要点。教师要综合学生在教学过程中的学习状态、问题的回答情况及活动信息反馈等判断学生的知识体系是否健全、完善，对新知的理解是否透彻。教师只有面向全体，细心观察，才能对学生的学习表现和结果做到心中有数，使总结言之有物，言之有据，言之有理。

第三，经常变换形式。课堂总结没有固定的模式，应根据具体内容的需要灵活变换。例如概念较多的内容可用复述法，规律性强的内容可用口诀法，技能训练的内容可用比赛法，需要辨析的内容可用图表法，难度较大的内容可用释疑法，知识点集中的内容可用概括法等。同时，教师还要根据学生的年龄特点和认知发展规律，采用适当的课堂总结方法。如低年级可采用游戏等趣味性浓的方法总结，中高年级可用阅读、探究等思辨性强的总结方法。

第四，培养学生自主小结的能力。培养学生的课堂小结能力也是教师课堂教学的重点之一。上完一节课后可以有意识地让学生小结，其他学生补充。在课堂小结时有意识让学生思考这节课中运用了哪几个旧的知识点，解决了哪一个新的问题，从而让学生把新旧知识点形成知识树，同时这也是一种常用有效的小结模式。

（三）课堂小结的时机

1. 小结在教学内容转换之处

很多教师都认为，课堂小结就一定要放在课堂结束之前，事实上并非如此。通常情况下每节课的内容由若干个子环节构成，每一个环节都有着不同的教学内容，实现不同的教学目标。有时候在这些教学内容的转换之际恰恰就可能是小结之时。这样的课堂小结可以适时承上启下，实现两个部分内容之间的自然衔接。

2. 小结在学习方法优化之机

在课堂教学中，我们常常会遇到一道题目多种解法的问题，一题多解不但可以丰富学生的思维，同时也可以让学生学会解题方法的优化。此时，如果教师能给予正确的引导，帮助学生进行自我小结，对方法进行优化选择，同样也是课堂小结的良机。

3. 小结在教学思想领悟之际

格式塔派心理学家苛勒提出了学习的顿悟说，认为学习是个体利用自身的智慧与理解力对情境以及情境与自身关系的顿悟，而不是动作的积累或盲目的尝试。课堂教学中让学生在不同的问题情境中体验同一种解决问题的思想方法后，隐藏在问题背后的思想方法就会逐渐引起学生的注意和思考，直至产生某种程度的领悟。当学生的经验和感悟积累到一定程度时，教师应适当给予点拨，引导学生去总结规律、领悟思想方法。

4. 小结在思想情感提升之时

教育的任务不仅是使学生掌握必需的基础知识与基本技能，发展学生的抽象思维和推理能力，而且要促进学生在情感、态度与价值观等方面的全面发展。在我们的课堂教学过程中，往往存在着情感教育的显性或隐性因素。如果教师能够适时结合这些情感教育因素进行小结，恰到好处地使学生情感发展得到升华，往往会收到事半功倍的效果。

学以致用

镜头1

程红兵老师讲完《荆轲刺秦王》中"易水送别"后是这样收束的:"明知山有虎,偏向虎山行。明明知道一去不复返,仍然就车而去,义无反顾。这正体现了我们人类不可征服的伟大精神,体现了我们人类在与自然、社会、命运抗争搏斗时所体现出的不屈不挠的伟大精神和伟大主题。这种精神和主题的本质,就是悲壮!一旦失去了悲壮,就失去了力度;人生失去了悲壮,就失去了尊严;一个民族失去了悲壮,就不可能强盛,而只有懦弱和胆怯!"

镜头2

教学完《阿Q正传》一文,学生意犹未尽,很是关心故事的下文,关心阿Q的最后命运。于是笔者就简要地讲述了一下《阿Q正传》第九章"大团圆"的情节,然后笔者说:"要知详情,请同学们课后阅读《阿Q正传》全文。"

镜头3

比如教完《装在套子里的人》第一课时,可以这样设计课堂收束:"恋爱,多么诱人的字眼。一个哲人说过,如果没有爱情,人间将成为一座坟墓。的确如此,就连别里科夫这样一个与世隔绝的人,也禁受不住爱情的诱惑,居然从套子里探出头来,要品尝一下恋爱的滋味了。像他这样的人,会获得姑娘的爱吗?他的爱情结局将会怎样呢?"

——选自《浅谈语文课堂教学收束的艺术》,陈锦才,中华语文网。

问题:

1. 请结合本节的内容分别对这三位老师的课堂总结做出点评。

2. 你在教学实践中是如何充分发挥课堂小结的作用的?

第六章 反思评价：备课质量评估

第一节 对照与评估：备课质量的评价标准

一堂失败的作文课

在九年级的一节语文作文写作指导课上，李老师设计了如下教学程序。第一个教学环节是向同学展示三则各约一百字的阅读材料后，给同学几分钟的思考准备时间，然后让学生发言，要求同学用一句话或名人名言说明自己的读后感。李老师将学生说的诸如"不以物喜，不以己悲"、"世上无难事，只怕有心人"、"一分耕耘，一分收获"、"无限风光在险峰"等十二个短语或短句一一板书到黑板上。同学们说完后，李老师板书也结束，随后进入下一个教学环节。第二个教学环节是教师展示两则各约二百字的材料，并问同学从中能获得什么信息。李老师随着同学的发言，将同学们所讲的九个句子也一一板书到黑板上。同学们说完后，教师板书也结束。按照李老师预先的教学计划将两个环节进行完毕后，李老师让学生以"一堂作文指导课"为题写一篇作文，可是从最终收上来的作业情况看，效果并不理想，甚至可以说有些失败，与教师事先预计的相去甚远，学生完全没能领会教师安排这样一堂课的良苦用心。大多数学生只是对课堂的教学情况进行了简单的描述，写出来的文章既没活力，也没深度。

面对这样的结果李教师有些迷茫，究竟是什么原因导致了这样的结果呢？于

是李老师开始进行教学反思，最终他找到了问题的原因。那就是没有结合同学们的发言进行有效的说明与引导，没有恰到好处地进行总结与分析，只是简单地用板书记录了下来，却没能充分利用这些宝贵的资源，导致学生无法进行知识的内化与提高。如果当时在课堂上能将这些来自于学生内心的想法给予引导和拓展，走进他们的心灵世界，倾听他们的心声，这将会是一堂别开生面的作文指导课，也就不会在布置作业的时候让学生无话可写。正是因为没能充分有效地利用好课堂中倾听这种教学方式，只听不导，致使教学效果大大降低。

案例点评：

　　该案例中李老师通过自己对教学的反思找到了备课中所存在的问题，由于没有在备课中对学生的学习状态给予充分的预设，致使课堂生成不能有效进行。由于没有在教学中把握学生的即时生成因素，给予学生进一步的拓展和指导，最终导致教学没有收获预期的效果。备课的评价与反思是提升教师专业水平的有效方式，对备课质量进行评价有助于优化教师的教育理念，提高教学能力，钻研教学艺术，总结教学经验，形成自己独特的教学风格。备课评价作为教学的重要组成部分，越来越受到广大教师关注。

理论解析

　　备课是教学的起点和基础，是决定课堂教学质量高低的重要一环。备课质量的好坏直接关系到知识传达的深度、广度，课堂教学的氛围，学生学习的效率等各个方面。甚至在某种意义上，我们可以认为提升教师的备课质量就是在提升学生的学习质量。如何提升教师的备课质量？备课的评价与反思是其中必不可少的一环。古人云"吾日三省吾身"，反思是一种透视、一种自省、一种远瞻。一个人只有沉于反思、善于反思，才能迎着朝阳走路，越走越宽广，越走越博大，才能有所感、有所悟、有所获。

（一）备课环节的基本要求

备课作为教学过程的起始环节，是教师在新授课之前所进行的教学准备工作。从理论上来说，备课的基本环节主要包括把握大纲、钻研教材、设计教案、开发课件、准备教具、了解学生学习状况等几项工作。备课中各环节的基本要求如下：

（1）明确备课目的，把握大纲要求。教师备课不仅是为了讲好课，更是为了学生更好地学习。因此，备课中教师一定要突出以人为本的理念，切忌"只重备教材，轻视备学生"的做法，既要关照大局，又不能忽视个体。

（2）认真研读教材。备教材是指认真钻研教材，包括钻研教学大纲和教学参考书，以了解本门课程的教学目的、任务和要求，了解教材的结构体系及其与前后课程的关系，明确教材的重点、难点，并借助有关参考书弄清疑难之处和有关问题的来龙去脉。教师备课时要掌握教材的内容、特点，弄清主要问题的来龙去脉及领悟关键内容的前因后果，精心构思教学内容的先后次序和重点内容的展开与深入步骤，做到条理分明、层次清楚，注意教学设计的层次性。

（3）紧扣教材，而不拘于教材。教师备课除了要对教材认真钻研、深度挖掘以外，还必须广泛猎取丰富的相关知识，要特别注意吸收新思想、新信息，掌握本专业领域的新知识、新技术、新方法，充实备课内容，满足学生的求知欲望。例如，教师在工作之余可以多阅读一些与本课程相关的其他教材或专著，汲取百家之长。

（4）备课设计要有针对性，能够有的放矢。无论是备课还是教学都要讲求针对性，要因材施教，避免片面性和一般化。教材是固定的，而学生却是不同的，有些教师一本教案所有班级通用的做法是不可取的。各科教师要结合自身所授课程的特点，以及不同班级不同学生的学习特点，塑造自己的教学风格，避免千课一面，千人一律。

（5）态度严谨认真，注重备课的计划性和系统性。一份认真的态度是做好一项工作的前提和保障。教师应认真对待每一次备课，将每一章节、每一单元的知识点加以梳理，融汇贯通，进行整理、归纳，编制学期教学进度计划表。此外教师在教学过后还应根据学生的信息反馈，及时进行备课的评价与反思，在预设——实践——反思的往复中不断完善备课，提升自身的专业技能。

（二）备课质量的评价标准

1. 备课态度评价

（1）钻研大纲：对本课程在人才培养中地位作用的理解，对"三基"内容与要求的理解，对重、难点的把握。

（2）钻研教材：对教材结构、知识点的理解，对重、难点的分析，对教材的挖掘与开发程度。

（3）备课进度：教学进度表的填写情况，教案、讲稿的完备程度。

2. 备课质量评价

（1）备内容：所备内容是否与教学大纲相符，对教学内容的理解与熟悉程度，内容取舍是否得当，是否能及时更新教学内容、反映新的科研动态与成果，重点是否突出。

（2）备结构：教学过程是否完整，教学方法是否得当，是否采用先进的教学手段，有无教学指导等。例如，各章节在教学步骤、时间安排、组织教学、板书设计等方面的完整程度与质量情况。

（3）备方法：备方法就是解决如何教的问题，选择恰当的教学手段和教学方法以实现教学目标。包括对学生知识水平、学习态度、学习能力、学习要求等方面的调查与研究情况。在此基础上，结合学期教学计划，着重备好教学过程中的以下六个环节：

①落实基点。落实本课的基本知识点、基本技能训练点及其与思想教育的基本结合点，明确思维能力和心理素质培养点以及学法指导点和科学方法训练点等；

②突出重点。突出课堂教学的重点知识和能力要求以及非智力因素的培养重点；

③突破难点。明确课堂教学中的知识难点、能力训练难点，有突破难点的措施和方法；

④分析异同点。明确本节课中的知识点与以前或与其他学科的知识点间的联系与区别；

⑤激发疑点。提出符合学生认知规律并能激发学生学习兴趣和动机的适当的设疑；

⑥体现特点。能够体现本节课的特点，反映学生特点和教师的教学特色，以实现课堂教学素质化的要求。

（4）备教辅：对教具、演示器材的熟悉与准备情况，教参资料及有关案例的收集准备情况。

（5）备学生：在备课活动中，教师应从以下几方面对学生的状态进行把握：

①备学生的学科认知特点和规律。

②备学生的知识基础。

③备学生的经验、思想和生活关注点。

④备学生的能力。

⑤备学生的情感因素。

⑥备学生的身心特征。

3．备课效果评价

（1）教学进度：教学进度表的填写与完成情况。

（2）教案：教案的完成、更新情况，教案内涵是否完整，是否有所创新。

 **实践指导**

（一）备课容易陷入的误区

1．不得已而为之

曾经在网上看到过这样一段言论：课该怎么讲，老师自己很清楚，而整天埋在备课里，恰恰就浪费了教师去钻研教材的时间，去到学生中间互动的时间也全部给了复制教案。全国多少教师在重复抄写教案，这是圈内尽人皆知的事实。今年抄去年，明年抄今年，无数的时间在抄教案中荒废。教师的时间都耗尽在这个折寿的负担里，有限的时间越发少了，精心批改学生作业的时间少了，指导学生作业的时间少了，家庭相守的时间少。许多做过一线教师的人，现在成为领导了，明明知道备课已经失去了本质的意义，但还得"标榜备不好课，绝对上不好优秀的课"这样的虚名……

或许这样的抱怨并不仅仅是某一位教师的想法，而是代表了一部分教师的心声。在探讨课需不需要备之前，我们首先应该明确一个问题，那就是备课究竟是为了什么？教师之所以要备课就是为了帮助学生更有效地进行学习，为了在有限的时间内让学生获得最大的收益，因为课堂对于学生来说是一次性消费，在以人为本的今天，为学而教，这是毋庸置疑的。朱熹云曾说过："敬业者，专心致志以事其业也。"教师的职业是神圣的、是崇高的。作为教师，只有自觉地、主动地、全身心地投入到对教材、教法的钻研中去，深入细致地了解学生，才能做到"为学而教"。

2. 备课等于写教案

在我们的日常教学中，常常看到这样一种现象：很多教师把备课等同于写教案。事实上，教案并非备课的全部，写教案只是备课的最后一个环节——把钻研教材等方面的所思所得，把教学的目的要求、重点难点、教学过程和方法以及搜集到的有关教学的信息记录下来，因此，我们说教案实际上是一本"备忘录"，供教师课前翻阅，以便把课上好。

有这样的两位教师，一位是资深特级教师，他在上一堂公开课时，教案只有 38 个字，课上得空前成功。他的备课是备在心里了，更多的是无形的教案。而另外一位教师，备课笔记写得认真工整，一学期下来，有厚厚的几大本，态度格外认真，但细看她的教案，都是优秀教案的翻版，根本没有自己的思考。尽管她写教案的态度是这么认真，但教学效果并不是很好，她所教班级的成绩总是在中游徘徊。由此可见，如果教师将备课等同于写教案，仅仅是为了写教案而写教案，那么，其结果只能是流于形式，而不会有实际的成效。

3. 备课等于熟悉教材内容

备课当然不能不备教材，但也不能只备教材，教材是重要的课程资源，但却不是唯一的课程资源。教师的备课活动是一个创造性的活动过程，每个教师对教材、对学生、对知识的处理都应表现出个体的差异性和独特性，而不仅仅是照搬教材。在倡导自主、合作、探究学习的今天，在知识爆炸、资讯发达的今天，教学仅仅转述教材内容的做法与促进学生全面发展的理念是相去甚远的。

4. 备课等于自我讲授的编排

常常听老师讲这样的话"今天我硬把某某几个章节的问题都上完了，紧赶慢赶，不许学生插嘴打岔，终于把教学内容塞下去了"。教师按照预期的设想完成了教学任务，自鸣得意。事实上，这只是他们自以为的教学任务的完成。教学是为学生的学习服务的，教学任务是否真正完成、教学目标是否真正实现并不在于教师在一堂课中讲授了多少信息，而是要看学生真正学会了多少，理解了多少。毕竟课堂不是教师表演的舞台，同样备课也不是老师自我讲授的编排。

5. 设计教学方案等同于编写教学剧本

翻开教案，我们经常会看到这样的对话：

问：铁轨、地球上的树木、高山，我们教室中的课桌和椅子是运动的吗？

答：它们都在跟随地球自转，同时绕太阳公转，它们也在做机械运动。

这样的对话，在各种教案中已经司空见惯。不知从什么时候起，喜欢写详案的教师，把每一提问的回答都写进了教案。发展到今天，演变成对话式的教案。让人分不清这到底是教案，是教学设计，还是课堂教学实录。或许教师在设计教案时，并没想到这样的教案会使教师在上课时自觉或不自觉地期望学生按照教案的设想回答。如果回答得标准则表示满意，如果回答得不够到位就努力引导，一再暗示、启发，直至从学生口中说出自己想要的那句话。

备课时教师要有必要而充分的准备，但是这并不等同于限定学生必须怎样回答，而是预设学生可能会怎样回答，进而设想教师应该怎样相应地给予补充、纠正、启发。课堂教学是教与学的过程，是师生思想交流的过程，是充满生命活力的过程；教案即使写得再详尽，也只是实际教学过程的一种预设。教案不是剧本，不需要事先设计对话，教学不是演戏，亦不需要学生背台词、配对白。

（二）如何进行备课质量评价

1. 评价指标的多元化

备课是教师必备的一项基本功，为了提升备课质量，提高教学效率，很多学校在教学指导和管理机制中采用了多种组织与管理的办法，备课质量评价就是其中一种。评价备课的质量，除了要关注备课笔记完成的质量情况以外，还应对一些其他的质性评价指标加以关注。例如，教师对备课组活动的参与热情、对集体备课的个人贡献、对教学资源的开发价值、对教法创新的积极态度等。评价备课质量只有将量化指标与质性指标相结合，才能防止片面化和绝对化，使教学管理者能以发展的眼光看待每次考评的结果，帮助教师全面了解自己，明确自己所处的成长阶段和进一步努力的方向。

2. 评价主体的多元化

（1）倡导教师自评方式

自评是促进教师反思能力发展的有效途径。通过对课堂教学效果的自我评判来反思备课中在教法、知识体系、教学组织等方面处理得是否得当。让教师对备课和教学的各个环节进行自评，可以使备课活动从外在压力转化为内在需求，从被动学习转变为主动探究。

（2）完善管理者的评价方式

在对备课质量评估的过程中，除了要求教师进行自我反思与评价之外，有时可能还需要学校管理者的介入。备课组把集体备课中教师的参与情况进行阶段性评价，教研组把随堂听课和研讨课情况进行阶段性评价。学校管理层再结合各方面的信息反馈给予综合性评价，以形成一种自上而下与自下而上相结合的管理模式。

（3）倡导学生共同参与的开放式评价

教师的课讲得如何、备得如何，学生是最有发言权的。学生作为教学的对象，是教师教学的直接感受者和收益者，是教学效果的直接体验者和评判者。在备课质量评价环节，学生的作用万万不可忽视。经常采用的方式就是以班为单位，通过问卷调查、学生座谈等形式，让学生参与到对教师备课实效性的评价当中。倡导学生共同参与，开放评价模式，不仅可以让我们的备课评价更加客观，而且还能让学生体验到自身的主人翁地位。

3. 评价内容的多元化

把教案作为备课考评的标准本无可厚非，要上好课，就必须备好课。然而，在对备课质量进行评价时，我们不能把单一的、传统的"教案书写"作为教师备课的唯一评价内容，更不能只看形式不看内容。仅仅检查教案的篇幅、字迹、格式和数量等客观因素，而忽略教师钻研教材、了解学情等主观因素的这种做法与"深化教育改革，全面推进素质教育"的要求是不相适应的。应该允许教师使用多种备课形式，并将之纳入到备课的评价内容当中。同时还应关注教师的个性，打破传统备课的常规，提倡教案的个性化设计。

4. 评价方式的多样化

（1）定时检查与随时抽查相结合

学校可以在固定的学期中和学期末各检查一次教师的备课情况，还可以随时抽查教师的备课情况，以防止教师出现中期消极、懈怠和应付等现象。

（2）检查与听课结合

既然备课是为了上课，我们也可以把检查教师备课的着眼点从备课本转移到课堂教学上。倘若我们能把检查备课情况与听课调研有机地结合在一起，备课评价的效用将会得到更大程度的发挥。

（3）查阅与考查相结合

考核教师的备课情况，除了最常见的查阅方式以外，还可以采用考查的方式，例如：①抽询式。定期就教学内容的相关问题组织教师进行问答、辩论，进而评价教师的教研及备课情况。②竞赛式。通过组织备课竞赛，考核教师的备课技能。

学以致用

物质的简单运动教案

一、机械运动的概念

（1）什么是机械运动？

机械运动的定义

（2）机械运动是宇宙中最普遍的运动。

提问并组织学生回答：举例说明我们周围的物体哪些是在做机械运动。对于回答中所举机械运动实例，教师要明确指出是哪个物体相对什么物体有位置的改变。

组织同学思考并提问：生活中有哪些物体在做机械运动？

答：比赛中的运动员、列车、人造卫星、银河系都在不停地做机械运动。

……

小结：机械运动是宇宙中最普遍的现象。

板书：1．一个物体相对于另一个物体位置的改变叫做机械运动。机械运动是宇宙中最普遍的现象。

二、参照物的概念

（1）组织学生看课本第39页图3—1，讨论：刘东是静止的还是运动的？让学生充分说明自己的看法。

小结：

首先，明确本问题中研究对象是列车中的刘东，他是静止的还是运动的。其次，根据前面所学机械运动的知识，判定列车、刘东都在做机械运动。但是部分同学所说刘东是静止的或是运动的说法都有道理。因为他们在研究刘东的运动情况时，

选定的作为标准的物体不同。

问：有些同学认为刘东没动，是静止的，是以什么为标准的？

答：以车厢为标准，刘东相对于车厢没有位置的改变，所以说刘东是静止的。

……

教师小结（略）

板书：2. 运动和静止的相对性：

……

(2) 出示挂图并提问：请看挂图，卡车和联合收割机在农田里并排行驶，受油机与大型加油机在空中飞行，说它们是运动的，你选什么物体为参照物。

答：选大地为参照物，它们是运动的。

教师追问：在甲图中如果选卡车或收割机为参照物，在乙图中如果选受油机或加油机为参照物，另一物体的运动情况是怎样的？

……

要求学生用相对静止的道理予以解释。教师指出：参照物可以任意选择，在研究地面上物体的运动时，常选地面或固定在地面上的物体为参照物。举例说明当所选的参照物不同时，物体的运动情况一般不相同。例如，列车中的乘客以地面为参照物是运动的，以车厢为参照物是静止的。

三、运动的分类

物体从一个位置运动到另一个位置，总要经过一定的路线。运动的路线虽然有多种多样，但总可以分为直线和曲线两种。下面请同学们想想我们生活中的运动有哪些是直线的，哪些是曲线的？（同学们发言，教师总结归纳，并对同学们的回答给予肯定）

总结：经过的路线是直线的运动叫直线运动，经过的路线是曲线的运动叫做曲线运动。（板书）

四、课堂小结

1. 一个物体相对于另一个物体位置的改变叫机械运动。

2．一个物体是运动还是静止取决于参照物，要求能够用参照物解决生活中常见的物理现象。

3．运动可以分为直线和曲线两类。

五、布置作业

（选自 www.3edu.net）

问题：

1．请对该教案做出点评。

2．你是否赞成在备课中对学生所回答的问题答案进行预设的做法？

第二节　视角与维度：备课质量评价的内容和模式

一、备课质量评价的内容

（一）评价教学目标

 情景再现

下面是两个教师教案中的教学目标设计，请比较它们有什么不同。

《回忆我的母亲》

1．学习本文按照一定顺序选择表现人物思想品质的写法。

2．体会本文质朴的语言，理解作者对母亲深深的敬意。

3．培养学生热爱劳动、热爱劳动人民的思想感情。

《直观认识圆的周长》

1．对圆的周长的认识

（1）能够正确用手指在图形上画出圆的周长。

（2）能用自己的话说出什么是圆的周长。

2．计算圆的周长

（1）能够用教师提供的圆纸片、圆纸板、绳和直尺近似地测量圆的周长。

（2）能够正确说出用绳测法和滚动法如何测量圆的周长。

（3）能够找出圆的周长与直径之间近似的数量关系。

（4）能够运用公式正确、熟练地计算出圆的周长。

案例点评：

在开始一堂课的教学之前，教师首先要对教学目标进行设计。可以说，教学目标的制定和达成情况是衡量一节课好坏的主要尺度。因此，备课中很多教师都在教学目标的设定上大下功夫。通过上述两个案例的比较我们可以看出，案例一中教学目标的设计和表述显得有些空泛和模糊，并且在可操作性上也有所欠缺。特别是其中的情感目标设定"培养学生热爱劳动、热爱劳动人民的思想感情"，通过阅读我们可以发现，这一目标的行动主体乃是教师，而不是学生。这样的目标表述在我们的教学目标设计中是不提倡的。

同案例一相比，案例二的教学目标设计和表述就要清晰、具体得多，并且具有较强的可操作性，便于教师检测和学生自评，真正起到了导学、导教、导测量的作用。

理论解析

备课中对教学目标进行评价是教师结合课堂教学的反馈情况、对所制定目标进行反思和完善的主要手段，对于教师在今后的备课中取长补短、提升自身业务素质具有重要意义。纵观传统的备课质量评价，教师对于教学目标的评定关注更多的往往是目标的设定与大纲是否相符，与教材的设计思路是否吻合，却很少将学生因素纳入到考评的视野之内。新课改倡导"以生为本"的教学思想，因此，新课程背景下，备课中对于教学目标的评价不应再停留于教材和大纲的层面，更应该结合学生的学情，对教学目标的设定进行反思和完善。

实践指导

在备课质量评价的过程中，教师可结合以下几个方面对教学目标的设定情况进行评价。

1. 教学目标是否体现三维一体性

《基础教育课程改革纲要（试行）》提出："要改变课程过于注重知识传授的倾向，强调形成积极主动的学习态度，使获得基础知识和基本技能的过程同时成为学会学习和形成正确价值观的过程。"为此，新课程要求各学科确立"知识与技能"、"过程与方法"、"情感态度与价值观"三维目标体系。这三个维度的目标是相互补充、密切联系的统一体，对教学的有效性起着至关重要的作用。因此，我们可以将其作为备课质量评价的考评标准之一。

2. 教学目标是否体现学生的特点

教学目标是教师教的出发点，也是学生学的归宿点，因此教学目标的设计必须考虑学生的起点水平。在对备课质量进行评价的时候，教师应结合学生的课堂表现，检验自己所设定的目标是否体现了学生的特点，是否让每位学生在课堂学习中都有所收获。

3. 教学目标表述得是否准确规范

教学目标设计得是否准确规范也是评价质量好坏的标准之一，教学目标的准确与规范主要体现在两个方面：第一，要求具体合理；第二，表述准确清晰。在对教学目标进行评价时，可以从学生对目标的达成程度上加以评判。

（二）评价教学过程

情景再现

随着有节奏的音乐和着抑扬顿挫的 chant 声揭开了本堂课的序幕。Rice, rice, a bowl of rice. Juice, juice, a bottle of juice⋯

学生一个个拍着掌与 video 里的声音交相应和着，很快打破了沉闷紧张的气氛。

这是课前的热身活动，又为接下来要讨论的食物做铺垫。念完 chant 后，老师微笑地说：I'm new here, I want to know more about you. What's your favourite drink?

生 1：My favourite drink is coke.

我笑着点头说：Coke is very popular now.

老师又继续问：What's your favourite fruit?

生 2：My favourite fruit is apples.

老师惊喜地说：Apples are nice. I like apples, too.

接着又微笑地问：Can you ask me questions?

由于老师做了很好的引导和铺垫，语言又具极强的亲和力，学生们开始怦然心动，纷纷举手，新问题更是层出不穷，问出了许多老师想要的答案，拉近了师生的距离。接下来老师在屏幕上打出学生学过的食物、饮料和水果名称。然后皱着眉头，按着腹部说："I'm hungry. Look at this guy. Is he hungry? What food does he have?" 于是画面出现了一个可爱滑稽的卡通人物 Gus，接着播放迪斯尼动画英语 Gus 到朋友家一口气吃了很多东西的画面，选材贴切，画面生动有趣，既拓展了学生的词汇量，让学生在轻松愉快的气氛中学习了单词 soup, spaghetti, corn, sandwich 等，又对学生进行思想情感教育：到朋友家乱吃乱喝是不礼貌的行为……

就这样在不知不觉中一堂课就在老师循循善诱、充满亲和力的言语中结束了，老师从容不迫、游刃有余，学生兴趣盎然。

（节选自互联网）

案例点评：

常言道："教学有法，教无定法，贵在得法。"一切适合学生发展、促使他们自主学习的教学方法都是好方法。这节课老师并没有按照传统的传授语言知识的方法来教学，而是大胆地跳出教材。教学的内容虽取材于教材，却远远超越了教材，这样的教学方法对于学生将来的英语学习无疑是受益无穷的。

理论解析

1. 教学过程的本质

课堂教学不仅仅是获得知识和技能的过程，更是促进学生发展的过程。评价一堂课准备得好与不好，不仅要看知识目标是否达成，更要关注学生发展的目标是否得以实现。

2. 教学过程中几种必然的联系

（1）间接经验和直接经验的必然联系：对于间接经验的认识和掌握是学习的主要任务，然而间接经验的学习必须以学生个人的直接经验作为基础，让学生在做中学，才能真正把课本知识内化为自己的知识。

（2）掌握知识与发展智力的必然联系：知识的掌握依赖于智力的发展，而智力的发展又能促进知识的掌握。只有充分挖掘学生的智力潜能，才能更有效地促进学生对于知识的理解和把握。

（3）掌握知识和提升情感的必然联系：知识的掌握是学生情感提升的基础和前提，而情感的发展又能进一步引导学生对所学知识产生积极的态度，推进学生学习的主动性。

实践指导

既然教学过程在教师授课的过程中是如此重要，那么如何在备课质量评价的过程中去衡量教学过程是否明确与合理呢？我们可以从以下几个方面进行考虑：

1. 思路清晰，任务明确

教学思路是教师上课的脉络和主线，是备课质量评价中必不可少的一个重要因素。对于教学思路设计的评价，首先应看其是否与教学内容相符；其次应看其是否符合学生的认知规律；最后看教学思路所带来的课堂效果。

2. 突出重点，把握关键

有的教师在教学的过程中以为将所有的知识传授给学生就完成了教学目标

的要求，没有把握知识的重点与层次，致使学习效果多而不精。教师的教学过程应层次分明，重点突出。不仅要注重知识的量，更要注重知识的质。

3. 教学民主，氛围融洽

教学是师生间的交流和沟通的过程，教师不能将自己看做是真理的化身，而是要注意倾听学生的意见，吸纳学生的观点，尊重学生的主体地位，开放学生的心灵，创设民主、平等、和谐、宽松的课堂气氛。

（三）评价教学策略

 情景再现

请你来当小老师

正式上课了，孩子们争先恐后，一个个把手举得老高，生怕老师看不到他在举手。他们都渴求走上讲台，过一把做小老师的瘾。

我点到了手举得最高的杨中宇同学，他欣喜若狂，拿着课本"备课"，迈着健步跨上讲台。从介绍作者到讲解《西游记》，从孙悟空的来历到水帘洞，他口若悬河地大讲了一通。这时，台下又举起了一双双小手。我叫了几个学生，让他们说说。

这个说："他讲得太快啦！"

那个讲："他只顾自己讲，没有叫同学回答问题。"

"他没有启发同学思考。"

"他没有让我们自主学习。"

……

听着学生的发言，我心里在想：他们评得多么中肯啊，活像一个个小老师。

之后，我叫上了我们班鼎鼎有名的"诸葛亮"唐泪沙同学。她不慌不忙地走上讲台，拿出一个光碟，开始播放《西游记》第一集《猴王出世》。学生们看着录像，学习的兴趣来了。他们有的哈哈大笑，有的手舞足蹈，有的交头接耳，有的

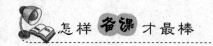

拍手叫绝……这时小老师发话了。

小老师："请和你的好朋友一起快速地读读课文。"

学生纷纷下座位找自己的好伙伴读课文。

小老师："请说说孙悟空出世的过程。"

……

小老师："请给第一段、第二段、第三段拟小标题。""把你喜欢的好词语、好句子划出来，读给大家听听。"

课的最后，小老师布置了一个学生都会做、又都喜欢做的作业：自编《西游记》中的小故事。

（作者：谭剑君）

案例点评：

从这个案例我们可以看出，这节课之所以取得了令人欣喜的成功，就在于老师对教材的合理利用和创造性教学方式的选择上。而这种打破常规的处理方式不是凭空而来的，这个突发奇想也是建立在对教材内容的熟悉、对学生认知水平的充分了解这一基础之上的。倘若我们每一位老师在教学时都能够充分发挥师生双方的主动性和创造性，选择适合学生的教学策略，那么，学生求知的欲火又何愁不被点燃呢？

理论解析

教学策略介乎理论与方法之间，既是较低层次的教学理论，又是较高层次的教学方法。它既包含解决某一实际问题的教学理论，又包含解决某一实际问题带有规律性的教学方法。具体而言，教学策略包含以下几方面内容：

第一，教学策略包括教学活动的元认知过程、教学活动的调控过程和教学方法的执行过程。

第二, 教学策略不同于教学设计, 也不同于教学方法, 它是教师在现实的教学过程中对教学活动的整体性把握和推进的措施。

第三, 教师在教学策略的制定、选择与运用中要从教学活动的全过程入手, 要兼顾教学目的、任务、内容, 学生的状况和现有的教学资源, 灵活机动地采取措施, 保证教学的有效有序进行。

第四, 教学策略是一系列有计划的动态过程, 具有不同的层次和水平。

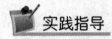
实践指导

教学策略包括对教学过程、教学内容的安排, 教学方法、教学步骤、教学组织形式的选择。这些因素的组合方式多种多样, 也就决定了教学策略的复杂与多变性。那么, 备课评价中, 对教师教学策略的评定需要考虑哪些因素呢?

1. 教学策略的评价原则

(1) 过程性原则

所谓过程性原则就是要让学生有机会体验自己的学习过程, 并同教师所呈现的学习策略加以比较, 有意识地改进和优化自己的学习策略。

(2) 训练性原则

所谓训练性原则是指教师在进行学习策略教学时, 必须事先设计好训练内容, 根据训练内容, 为学生提供有助于策略学习的示范和足够的练习。

(3) 分解性原则

分解性原则是学习策略教学的关键性原则。具体指在学习策略教学中, 教师为了明确指点和解释某种策略的意义、功能、使用条件和使用程序, 必须把完成某一学习任务的完整思维过程分解为几个阶段, 总结出每一个阶段中的最有效学习策略, 并最终帮助学生把所有的有效策略加以概括和总结。

(4) 一体性原则

一体性原则是指学习策略教学必须与具体学科的学习内容相结合, 并且能

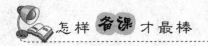
根据学习者的实际特点和个别差异有针对性地进行。

（5）迁移性原则

在学习策略教学中，必须"为迁移而教"，做到条件化、熟练化，启发学生思考如何将一般策略运用到各门学科之中去，进而达到灵活熟练地迁移。

2. 教学策略的有效性评价

（1）教学策略是否符合教学目标

教学过程中，教师采用一定教学策略的目的是为了目标的达成。因此，对于教学策略的选取应根据具体教学目标的不同而有所差异。

（2）教学策略是否符合教学内容

一般来说，不同学科性质的教材应采用不同的教学策略，而某一学科中的具体内容的教学，又要求采用与之相适应的教学策略。

（3）教学策略是否符合学生的特点

学生是教学的主体，如何选择有效的教学策略首先依赖于教师对学生状态的了解。针对学生情况的不同，教师在教学中可采取两类教学策略：一种是采取与学生所偏爱的方式相一致的匹配策略；另一种是采取有意识的失配策略。

（4）教学策略是否符合自身的特征

教学策略的运用要通过教师来实现，每个教师在制定和选择教学策略时都要考虑到自身的特征，包括教学思想、知识经验、教学风格以及心理素质等，尽量做到扬长避短。

（5）教学策略是否具有高效性

教师选用教学策略的最重要目的就是为了实现教学质量的最优化，以最少的时间取得最佳的效果。因此，教师在选择教学策略的时候，必须要考虑该策略是否具有高效性。

（四）评价教学效果

 情景再现

草船借箭（片段）

学生研读第二自然段的人物对话，体会人物内心。分角色朗读后，教师引导学生通过人物对话，谈谈对人物的认识。学生一个个都很踊跃。

生A：周瑜明知故问，真阴险！

生B：是啊，周瑜真是不怀好意，内心狠毒！

生C：诸葛亮表现得胸有成竹，很镇定！

生D：诸葛亮顾全大局，不和周瑜计较。

……

通过学生的回答，可以看出学生已经初步把握了人物性格，这些回答都在教师的意料之中。这时，学生E站起来说："我通过读他们的对话认为诸葛亮的做法不太好，周瑜让他十天造十万枝箭，可是他却主动提出来用三天，如果三天完不成任务不就被杀头了吗？为什么不给自己留条后路呢？"话音未落，众生议论纷纷：

生1：是啊，万一他三天完不成任务不就被杀头了吗？

生2：他一定是胸有成竹，这更能说明他的自信。

生3：我想诸葛亮一定是把一切都计划好了才这么说的。

……

师：哦，原来是这样！那么，诸葛亮后来做了什么呢？他为什么这么做呢？请同学们再读读课文，把你的发现和看法与同学交流。学生积极地置身于朗读、探究之中。

案例点评：

课堂教学效果如何直接影响着学生的学习，也集中体现了教师的教学水平。

因此,教学效果自然是评价一堂课好坏的最根本依据。从案例中我们可以看出,该教师的课堂氛围活跃,学生热情高涨,在轻松愉悦的氛围中,学生不知不觉地把握了人物的性格特征,取得了很好的教学效果。

理论解析

教学效果是教师的传授行为对学生学习所产生的结果。它不仅是教学过程的一部分,也是开展教学研究的重要手段。在备课的反思与评价中,对课堂教学效果进行评定是其必不可少的重要一环。关于教学效果的评价多采用观察法、实验法、观摩法、座谈讨论法、个案研究法、测验法、统计法等。通过运用这些方法对教学效果进行比较全面的评价,了解学生在知识与技能、过程与方法、情感与态度等方面的基本情况,为进一步完善备课设计提供重要的科学依据。

实践指导

备课中对教学效果的评价可以从以下几方面进行考虑:

1. 学生参与学习的情况

学习是学生利用已有的知识结构去同化或顺应外部世界的过程,而不是消极被动的接受过程。学生只有通过积极主动地参与课堂教学,才能建构完整的知识体系。因此,在课堂教学过程中,教师必须努力为学生创设各种机会和条件,让学生积极主动参与教学,有意识地培养学生倾听、交流、协作、分享的合作意识和交往技能。

2. 学生自主学习的程度

好的教学应该是教会学生自主学习,而不仅仅是传授知识。通过引导使学生学会自我选择、自我监控、自我调节,逐步形成自我学习的能力。

3. 学生的探索与创新情况

教师应鼓励学生大胆质疑,努力挖掘学生自身的创造潜能,培养学生的创新意识和创造精神,并创造条件,使学生适时体验到创造的乐趣,形成自己的创造力。

4. 预设目标的完成情况

教学目标是否达成也是衡量教学效果好坏的标准之一。通过本节课的学习，学生对基础知识和基本技能掌握得如何？学生的情感是否有所提升？这些都是教师在备课评价中需要考虑的问题。一旦预期目标没有达成，教师就需要通过反思来寻找失败的原因，是目标设定得不够合理？是学生的状态没有激发？抑或是讲授环节出了问题？等等。

二、备课质量评价的模式

（一）自评与他评相结合

备课评价要实现自评与他评的结合，以实现备课评价的客观性、全面性和可信性。自评是教师依据评价的原则，对照评价标准，对自己所设计的备课教案、教学行为与教学效果做出相对客观、可信、有效的判断。对于大多数教师来说，自我评价是一个连续不断的自我反思、自我教育、自我激发内在动因的过程，体现了教师在备课评价中的主体地位。

他评是教师与教师之间的相互评价。现在很多学校都在实行集体备课，通过集体准备、集体研讨这样一种形式，实现资源的优化与整合。在集体备课的过程中，教师们就可以对彼此的备课质量进行点评，从不同渠道获得更为广泛、全面的意见。

（二）质化与量化相结合

当今的备课质量考评中采用更多的往往是量化的评价方式，这种量化的评价方式具有简明、精确、易对照，有据可循等特点，能够减少评价过程中人的主观推论。更为重要的是数据能用现代统计工具加以处理，便于掌握和应用，与追求对被评价对象的有效控制和改进相适应。

然而，对教育教学而言，单纯的量化评价往往会把复杂而又丰富多彩的课堂教学过程简单化、格式化，抹杀了课堂教学中最本质、最有价值的东西。不少教师丰富多彩、颇具创新的精华之作被抽象成为一些枯燥、单调的数字，教师的发展和创造受到压制,课堂教学的丰富性被泯灭于一串串无味的数字之中。

我们倡导质性评价,这并非是对量化评价的否定,而是对量化范式的补充和完善。在备课质量评价中实现量化与质化的有机结合,可以使评价更为完整科学,更为全面地折射教师备课的水平和课堂教学的全部内涵。

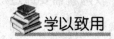

学以致用

狐假虎威

一位教师在讲授《狐假虎威》一课时出现了这样的一幕:

师:同学们,狐假虎威的故事读完了,你们想对老虎说些什么?

生1:虎大王,狐狸是借了你的威风才吓跑百兽的。

生2:你上当了,百兽怕的是你。

生3:我想对狐狸说一句话。

师:哦,想说什么?

生3:狐狸,还是你了不起,用自己的智慧战胜了强大的老虎!我真的好崇拜你!

(其他学生对此说法颇感新奇)

师:(一愣)好,你先坐下,你的想法很独特,不过在这里这样的理解貌似与词义本身有些出入。其他的同学呢,还有没有什么想说的?

问题:

1. 请你预测一下这位教师的教学效果,并谈谈自己的看法?

2. 如果让你设计这堂课,你会如何改进以达到更好的教学效果呢?

第三节 完善与提升：提高学习效果，完善备课艺术

（一）更新备课理念

1. 求同存异，在共性的基础上创造个性

很多教师都会有这样的感慨：名人专家的课堂总是那么精彩，那么富有个性，譬如王崧舟的深情、吴非的硬气、魏书生的民主、窦桂梅的激情……这些教师的课堂之所以如此富有个性，充满激情，深得学生喜爱，正是因为他们有个性化的备课设计作为后盾，才创造出了如此富有个性化的教学。个性是标志着一个教师成熟的基本要素。教师只有寻找到自己的教学个性，才不会在纷繁复杂的教育思潮中迷失自己，才能让我们在教学过程中拥有成就感、自豪感和使命感，才能培养出有个性、有创造力的学生。

备课是教学常规中的一项基础性活动，同时也是一项充满个人创造性的活动。我们不能否认备课中有着许多共性的要素，例如钻研教材、了解学生、开发资源、设计教法、撰写教案等。然而，教师在备课中除了要考虑到这些常规的要素之外，还应在备课中体现自身的个性。教学设计追求的不是千篇一律，而是能够体现自身风格与教学特色的求同存异。

2. 与时俱进，关注学科发展动态

职业的特殊性对教师的专业发展提出了更高的要求。教师除了要掌握普通文化知识、把握学科专门知识以外，还要具备更高层次的主体知识和本学科的前沿知识。教师应与时俱进，关注学科发展动态，不断更新自己的教学理念和教学方法，汲取精华，提升素养。教师的专业知识越精深，讲课时就越能高屋建瓴，深入浅出，从而更好地引导学生学会求知，学会做人。

3. 融会贯通，注重学科知识的综合与交叉

教师的专业化发展既要注重对深度的挖掘，同时也要注重对广度的拓展。世间万物是普遍联系的，知识的学习也是如此，譬如物理、化学的学习中就包含着许多数学的知识，而政史地的教学则更应将各科知识融会贯通。教师备课

只有注重学科知识的综合与交叉，才能在课堂教学中灵活多变。俗话说，要给学生一碗水，教师首先要有一桶水。工作之余，教师应把学习作为一种生活方式，因为读书学习的过程就是吸收与成长的过程。只有学习，才能丰厚自身的文化底蕴，才能抢抓教学的有效资源。

（二）提高备课效率

1. 端正备课态度

备好课是上好课的前提，要提高备课效率，首先要端正备课态度。备课的意义何在？备课有多重要？或许每一位教师都知道。但是，的确有一些承担一线教学任务的教师认为这只是应付检查的一种徒劳，与提高教学质量没有多大关系。然而课不备又不行，因为领导要检查，学校要考核。因此，对于备课草草了事，要么是利用配套的教参，要么是名师编写的教案，备课抄过来，上课照着讲。这样的生搬硬套，效果可想而知。作为一名人民教师，我们必须对得起"教师"这一神圣的称呼，肩负起教师的职责。备好课、上好课是教师的本职工作，端正态度、教书育人是教师的职业操守，爱岗敬业、积极进取是教师的职业态度。

2. 正确对待教案

提起教案，很多教师都有自己的一份无奈。很多时候，我们说教师是在备课，不如说他们是在撰写教案。长期以来，教案一直被作为考评教师备课效果的一项重要指标，因此，很多教师都在教案的撰写上狠下工夫。事实上，教案的简易与繁琐，不能一概而论。应该区别于不同的教师、不同的教学内容。在《苏霍姆林斯基文集》中谈到过一位历史老师，她用 15 分钟时间备好了精彩的一课，想必她写出来的该是简易的教案了。而她却又是一辈子都在备课。很多时候，备课更多的是一种隐性的思考，而不是单纯的教案呈现。因此，教师在备课的过程中不要把大量的时间都花费在教案的撰写上，而是要把更多的时间用到钻研教材、了解学生和设计教学思路上去。

3. 优化备课方法

（1）实现资源共享

目前，集体备课这种形式已经被越来越多的学校所采纳。集体备课的最大优势就是能够实现资源的整合、集思广益，充分发挥教师的集体智慧，让教师本身也成为一种备课的资源。有效的集体备课，首先要有明确的备课内容，教师要充分地搜集信息，构想教学流程，各抒己见，畅所欲言，在思想中碰撞，在碰撞中创新。其次，集体备课要处理好"教材分析"与"编拟预案"的关系。把着力点放在共同钻研教材文本上，通过集体研讨的方式可以弥补教师个人钻研文本的不足和理解偏差。再次，在集体分析讨论综合的基础上，对课堂教学的目标、任务、教时、重、难点等达成共识。最后，大家可以共同商定一份"可调式"的统一教学预案，在预案中留下适度空白，让教师能自由灵活地选择不同的教学方法和手段。既坚持了教学要求的基本统一，又体现了策略方法的灵活多样，不失为一种有益的尝试。

（2）集思广益

在备课过程中，教师可以以教研室为单位，定期开展教学研讨活动。活动可采取专人主讲与全员议论两种形式，根据需要交替安排，主讲人由全体教师轮流担当。主讲人发言内容应结合自己的教学经验全面具体、重点突出，富有启发性，重点在于将自己的教学经验和教学优势与大家共同分享。在没有主讲人的教学研讨中，大家可以采取小组讨论的方式，彼此倾听，彼此分享，扬长补短，共同完成备课任务，真诚地去分享对方的闪光之处。这种浓郁的研讨氛围，可以启发教师灵感，即时碰撞出智慧的火花。

（3）互阅互评教案

在备课过程中，教师可以互阅教案，在反思上多下工夫。课堂教学是教与学的双向互动，在教学实践中，教师不能完全拘泥于课前的预设，应该审时度势，根据课堂教学的实际，及时调整自己的教学思路。课堂教学结束后，要及时总结，梳理自己的教学得失，在教学方案上撰写教学后记。同样的教学内容，同组老师在教学结束后，要互阅教案，一是看他人对原教案的变更情况，二是看他人的教学反思，三是看他人的教学效果。阅读后，相互品评，提出适当的意见。

俗话说："智者千虑，必有一失；愚者千虑，必有一得。"充分发挥集体的力量，整合备课资源，优化备课方法，提高备课效率，不仅有利于青年教师的快速成长，更能够培养广大教师分享、合作、交流、沟通的团队意识，让大家的思想在交流中碰撞，在研讨中创新。

（三）品位备课艺术

"上课三点钟，备课数月功"这句话反映了教师备课的艰辛与不易。那么，功用在何处才能事半功倍呢？这不仅是一门学问，更是一门艺术。

1. 借鉴的艺术

一名优秀的教师，不应只有专业的深度，更要有海纳百川的广度。课堂教学要将大纲知识作为重点和主线，这一点毋庸置疑。然而，在讲授大纲知识的同时，教师还应适当地进行拓展，开阔学生的视野，丰富学生的知识，激发学生求知的欲望和探索激情。欲给学生一碗水，教师要有一桶水，这就需要教师在备课的过程中，博览群书，借鉴精华，取他山之石，供课堂之所需。当然，单纯地借鉴只是一种手段，如何将借鉴的精华纳入自身的知识体系，构建属于自己的教学风格，这才是艺术。

2. 选择的艺术

备过课、上过课的教师都知道，备课的过程同样也是一个选择的过程。教学内容有重点、难点、关键点之分，教学方法有讲授、讨论、实验、练习等多种多样。面对着如此之多的选择，如何才能找到一种最适宜学生学习的最佳方式同样也是一门选择的艺术。

3. 构思的艺术

教学的构思包括教学内容的组织、教学思路的设计、教学过程的设计以及教案的撰写等方方面面。如何才能使教学资源得以优化，使教学设计更为简单易懂，这其中无不体现着构思的艺术。

4.创新的艺术

创新是教师提升自身专业技能的重要方式与手段。教师只有在备课中大胆探索、勇于创新，才能让学生在课堂教学中体验到新意，体验到教师富有个性化的知识讲授，才不会因为课堂教学的千篇一律而索然乏味。如果教师在备课过程中能够将创新这门艺术发挥得淋漓尽致，那么，我们的课堂教学将会呈现别样的精彩。

参考文献

1. 刘晓明主编. 生本备课 [M]. 长春：东北师范大学出版社，2008 年 5 月.

2. 刘晓明主编. 科学备课 [M]. 长春：东北师范大学出版社，2008 年 5 月.

3. 张春兴主编. 教育心理学 [M]. 杭州：浙江教育出版社，2006 年 3 月.

4. 陈琦、刘儒德主编. 教育心理学 [M]. 北京：高等教育出版社，2009 年 5 月.

5. 邵瑞珍等编著. 教育心理学——学与教的原理 [M]. 上海：上海教育出版社，1986 年 11 月.

6. 徐继存、徐文彬. 高等院校教师教育核心课教材——课程与教学论 [M]. 北京：高等教育出版社，2009 年 12 月.